Les spiritualités en temps de pandémie

Sous la direction de

Laëtitia Atlani-Duault

Les spiritualités en temps de pandémie

Albin Michel

SOMMAIRE

Spiritualités par temps de Covid-19 9
Laëtitia Atlani-Duault

Peur, courage, sagesse, espérance :
de la vertu en temps de crise sanitaire 25
Éric de Moulins-Beaufort

Nous laisser changer 37
Véronique Margron

Fraternité 51
Alain Cordier

Prendre conscience de ses limites 69
Michel Davy de Virville

Consentir à la finitude, en responsabilité
et en confiance 77
François Clavairoly

Le temps d'apprendre à vivre 91
Olivier Abel

Pandémie : jugement, conversion et créativité ... 107
Emmanuel Adamakis

« Garde ta lampe allumée »
Notes du temps de pandémie 117
Denis Malvy

L'hésitation éclairée, la contradiction réfléchie ... 147
Haim Korsia

Ni sanction ni complot. Une expérience
(presque) commune 155
Dan Arbib

Quand la crise sanitaire révèle la citoyenneté..... 165
Chems-eddine Hafiz

Préserver la vie. Le principe de laïcité
à l'œuvre et à l'épreuve de la pandémie......... 175
Mohammed Moussaoui

La crise Covid-19 et la découverte
de notre vulnérabilité 185
Sadek Beloucif

Retraite et transfert de mérites
en temps de pandémie 199
Olivier Wang-Genh

Bibliographie 209

Spiritualités par temps de Covid-19

*Laëtitia Atlani-Duault**

Quand le malheur s'abat sur les hommes et plus particulièrement quand il vient sous forme d'épidémie ou de toute autre forme de calamité, la vie comme la foi paraissent saisies de déréliction.

Dans cette perspective, on avancera volontiers avec Charles Rosenberg[1] que toute épidémie peut se lire comme une dramaturgie, qui se joue en trois actes. Le premier, « la révélation progressive », couvre la période allant des premiers signes à sa reconnaissance, souvent après une période de déni ou d'indifférence. L'acte 2, « la gestion de l'aléatoire », est le moment où émergent et se confrontent des modèles explicatifs en concurrence. L'acte 3, « une réponse publique négociée », renvoie, lui, à une série d'essais et d'erreurs dans la gestion de

* Anthropologue, directrice de recherche à l'IRD – Université de Paris, enseignante à l'Université Columbia (New York), fondatrice de l'Institut Covid-19 Ad Memoriam, consacré aux traces et mémoires de la pandémie (www.institutcovid19admemoriam.com), et directrice d'un centre de recherche de l'Organisation mondiale de la santé sur les crises sanitaires.

la crise sanitaire, constamment et ouvertement discutés et contestés.

En fin d'acte 1 et début d'acte 2 de la dramaturgie de la pandémie de Covid-19 en France, la métaphore de la guerre a, un temps, focalisé l'attention des médias, friands d'images simples ; une guerre qui aurait la science pour armement et pour stratège ; une science qui aurait elle-même pour fonction de produire un modèle explicatif unique, éclairant les combats. Or pour expliquer le malheur, en particulier le fléau épidémique, les hommes vont puiser dans des représentations du monde variées. Elles peuvent renvoyer à la science biomédicale (elle-même largement hétérogène et traversée d'incertitudes et de controverses, comme on a pu le voir une fois encore lors cette pandémie) ou à une multiplicité d'autres sources possiblement explicatives, comme au premier chef la pensée religieuse.

L'enjeu théologique posé par les épidémies est celui des rapports entre la foi, le plan divin et la marche naturelle du monde. Comme l'écrit Paul Ricœur, face à l'infortune, « comment peut-on affirmer ensemble, sans contradiction, les trois propositions suivantes : Dieu est tout-puissant ; Dieu est absolument bon ; pourtant le mal existe ? La théodicée apparaît alors comme un combat en faveur de la cohérence, en réponse à l'objection selon laquelle deux seulement de ces propositions sont compatibles, mais jamais les trois ensemble[2] ».

Au cœur de la dramaturgie, il m'a ainsi paru évident qu'une réflexion inter-cultes dédiée à la pandémie était nécessaire. Anthropologue et spécialiste des crises sanitaires, et par ailleurs membre du conseil scientifique Covid-19, je décidai donc début mars 2020 d'appeler un par un les principaux responsables religieux français et leur proposai de créer un espace de réflexion informel sur la pandémie composé des principaux représentants des cultes de France, soit Éric de Moulins-Beaufort, archevêque de Reims et président de la Conférence des évêques de France, François Clavairoly, pasteur et président de la Fédération protestante de France, Emmanuel Adamakis, métropolite et président de l'Assemblée des évêques orthodoxes de France, Haim Korsia, grand rabbin de France, Joël Mergui, président du Consistoire central, Mohammed Moussaoui, alors président du Conseil français du culte musulman, et Olivier Wang-Genh, président de l'Union bouddhiste de France. Comme l'écrit François Clavairoly dans cet ouvrage : « En pleine pandémie mortelle, entre Pâques et Ramadan, il aura été légitime de se demander ce qu'avaient à dire les religions (...). Il est même salutaire de se demander si elles ont une légitimité à exprimer quelque chose qui fasse sens. Un sens plus utile pour le commun des mortels que le soin et la consécration admirables des personnels soignants. Un discours plus pertinent que celui des politiques qui doivent déjà prévoir ce qui va arriver demain. »

Une parole silencieuse

Cheminement humble et revendiquant leur part d'incertitude, ces échanges nourris se sont fait l'écho tant de réflexions philosophiques et morales en prise sur l'épidémie que de réalités qui en disent tout autant sur les subjectivités devant affronter les conséquences de cette fameuse « distance sociale », que l'on pense par exemple à l'accompagnement par les familles – au départ interdit – des agonisants à l'hôpital, à la question des housses mortuaires – qui, aux premières heures du confinement et par crainte de contagion, étaient censées rester fermées, empêchant que les visages puissent être vus une dernière fois –, ou encore aux obsèques et aux endeuillés du Covid-19. Cet espace d'échange fut également uni par certains gestes dont nous savions en les faisant qu'ils étaient inédits, comme par exemple la création, pendant le premier confinement et sur ma suggestion, d'une ligne téléphonique d'écoute spirituelle, numéro unique dont les répondants furent mis à disposition par l'ensemble des grands cultes de France et dont le portage fut assuré par l'État, une première en France et dans le monde en temps de pandémie. Peu de temps après, elle fut suivie par une seconde ligne d'écoute spirituelle, permettant cette fois aux aumôniers des prisons d'accompagner les détenus.

Mais tout cela se fit dans le silence médiatique, assumé comme un choix. Le « silence des religions », souligne François Clavairoly, fut « un silence passager, un silence messager. Passager à l'image du Samedi saint, passage entre mort et vie, messager à l'image du Ramadan qui malgré la nuit promet une fête. Devant les souffrances et les deuils, le silence est parfois de mise. Il arrive qu'il soit effectivement le seul lieu symbolique dans lequel chacun puisse enfin se plonger pour s'écouter soi-même, se retrouver et s'accepter, dans une solitude tout humaine et dans les abysses d'une spiritualité la plus intime éprouvée et comme mise à nu par l'épreuve ».

Le temps du témoignage

Après le silence vient aujourd'hui le temps du témoignage, un témoignage à quatorze voix provenant de différentes religions et confessions et intervenant alors que nous sommes encore en pleine pandémie. Pour cela, nous avons élargi le premier cercle et invité à nous rejoindre des intellectuels ancrés dans chaque communauté, indépendamment du fait qu'ils occupent – ou non – une position dans une institution religieuse. Nous ont alors rejoints Véronique Margron, théologienne et présidente de la Conférence des religieux et religieuses de France, Chems-eddine Hafiz, recteur de la Grande Mosquée de Paris, Denis Malvy, prêtre orthodoxe et professeur de médecine, Oliver Abel, philosophe et éthicien protestant, Sadek Beloucif, président de l'association L'Islam au XXIe siècle et professeur de médecine, Dan Arbib, spécialiste de philosophie moderne et d'études juives, Alain Cordier, ancien vice-président du Comité consultatif national d'éthique et ancien président du directoire de Bayard-Presse, et Michel Davy de Virville, directeur honoraire du Collège des bernardins. Le groupe élargi, premier et second cercle, s'est alors réuni lors d'ateliers d'écriture comme j'aime à le faire[3], avec lectures et discussions croisées des textes qui, ainsi, dialoguent et résonnent entre eux. Un groupe qui aurait pu être différent, qui ne représente que lui-même et n'a pas d'autre prétention, mais qui livre ici son témoignage dans un exercice collectif lui-même restitué par un ouvrage qui ne présente pas d'équivalent à ce jour, en plein cœur de l'actualité d'une épidémie, et qui, maintenant, ne demande qu'à être confronté à d'autres regards sur ce moment singulier que nous fait vivre le Covid-19.

Loin du blâme, savoir entendre le silence de Dieu ?

En temps d'épidémie, les conditions d'émergence et de propagation de la maladie sont généralement le premier sujet à propos duquel les controverses font rage tant dans le monde scientifique que dans le monde religieux. On voit éclore, dans cette recherche de modèles explicatifs, des récits d'épidémies qui parfois désignent des « coupables »[4].

Apparaissent alors souvent ce que j'ai appelé ailleurs des « figures du blâme » en temps d'épidémie[5], figures ancrées dans des contextes culturels, historiques, économiques et politiques localisés et spécifiques à une époque, qui peuvent se chevaucher et sont en constante reconfiguration, mais qui renvoient souvent à certaines catégories récurrentes. Parmi les plus classiques, citons la figure de l'« étranger » (ou perçu comme tel). Elle est régulièrement convoquée pour expliquer l'origine d'une épidémie ou sa propagation. On trouve un exemple de ce type dans l'histoire de la peste d'Athènes (430 à 426 avant J.-C.). Ainsi, Thucydide mentionne parmi les diverses causes de la maladie identifiées par les Athéniens l'empoisonnement des citernes par les habitants du Péloponnèse dans un contexte d'« affaiblissement de la Loi sans précédent[6] ». Les minorités sont également régulièrement visées. À ce niveau, les

Juifs sont un exemple paradigmatique de figure du blâme en temps d'épidémie. La peste noire (1347-1351), dont la mortalité est généralement estimée à un tiers de la population européenne, occupe de ce point de vue une place particulière dans l'imaginaire collectif européen. En l'espace de quelques années, sur un large territoire et selon des modes accusatoires relativement similaires, hommes, femmes et enfants furent accusés d'empoisonner les puits, les sources d'eau ou les réserves de nourriture*. Ces accusations ont provoqué des massacres de grande ampleur tant en France qu'en Espagne et dans tout l'espace germanophone européen, allant même jusqu'à précéder l'expression des vagues épidémiques[7]. Dans un tout autre contexte, durant le premier acte de l'épidémie de VIH/sida, celle-ci a pu être dénommée *gay plague*[8], faisant porter aux homosexuels une responsabilité majeure. Les pauvres sont eux aussi souvent blâmés dans les moments de crise sanitaire. Lors de l'épidémie de poliomyélite paralytique à New York en 1916 par exemple, les zones les plus défavorisées de la ville furent mises en quarantaine sévère et leurs habitants, essentiellement des immigrés italiens, furent accusés de propager le virus, alors même que des quartiers habités par la classe moyenne connaissaient un nombre de cas plus élevé[9]. Mais le besoin de stigmatiser pour expliquer ou en donner l'illusion ne connaît pas de frontières sociales. Les « élites », comme on dit aujourd'hui, peuvent également être prises dans

* Ces accusations furent parfois attisées et les violences accompagnées par certains mouvements, comme parmi les mouvements de pénitents, certains groupes de Flagellants au cours du XIVe siècle.

les mailles d'accusations croisées. Lors de l'épidémie de peste au XVIe siècle, on a vu fleurir accusations, menaces, violences voire exécutions de supposés « profiteurs », ou *untori*, qui se seraient enrichis à la faveur de la situation. Parmi eux, des personnalités locales ou étrangères, mais également des médecins ou de simples membres du personnel de santé ou des services funéraires, accusés, par appât du gain, de propager l'agent pathogène comme à Toulouse en 1530, Rouen en 1629, Genève en 1545 ou Milan en 1630[10]. Ce fut le cas également lors de différentes vagues d'épidémie de choléra au XIXe et jusqu'au début du XXe siècle en Europe et aux États-Unis, dans des contextes locaux par ailleurs très hétérogènes[11], ou encore lors d'épidémies plus récentes, par exemple comme avec Ebola[12].

On peut lire ces figures du blâme en temps d'épidémie comme la trace, potentiellement violente, d'une recherche de cohérence qui serait accessible au commun des mortels et dans laquelle le couple pureté versus impureté servirait de clé de compréhension. Loin d'être l'apanage des textes religieux, on retrouve cependant cette frontière et ses déclinaisons dans nombre de textes sacrés où sont également proposés des rituels de prévention et de réparation permettant un retour à l'équilibre, soit par la réintégration dans le corps social, soit par la tentative d'exclusion des indésirables, humains ou non humains.

Qu'en est-il en temps de pandémie Covid-19 en France pour les auteurs provenant de différentes religions et confessions rassemblés dans cet ouvrage ? Loin d'une dichotomie entre le pur et l'impur et ses figures du blâme associées, « la pureté authentique n'est pas rituelle mais éthique », écrit Véronique Margron, exprimant ce que tous déclinent d'une façon ou d'une autre et qui constitue le premier enseignement fort de ces témoignages. « Pour Jésus, comme maître juif – manifestant sa connaissance des Écritures –, poursuit Véronique Margron, le domaine de l'extériorité, de ce qui se voit, est délaissé au profit de celui de l'intériorité, de ce qui rend justes – ou non – les actions et les manières de vivre. Ce n'est pas à la frontière qu'il faut monter la garde, mais à l'intérieur afin que le cœur ne s'endurcisse pas. Il n'est plus question de défense ou de contamination mais d'une sainteté qui, au contraire, doit être contagieuse, ouverte à tous. Voilà, je crois, ce à quoi nous sommes aujourd'hui convoqués. »

À partir de là, ce qui devient central est alors avant tout le besoin, face au silence de Dieu, d'« aider Dieu à ne pas s'éteindre en moi[13] », selon les mots d'Etty Hillesum.

« Entre la protection de la vie et la non moins nécessaire pulsion de vie à retrouver, écrit Haim Korsia, [il] a fallu apprendre l'hésitation éclairée et la contradiction réfléchie. » Dan Arbib poursuit : « Privés de synagogues les juifs prièrent chez eux, en sorte que le culte put parfois incidemment redevenir ce qu'il manque parfois d'être, un retour à l'intériorité, où toujours pour l'orant se découvre l'interlocuteur. » Quant à Mohammed Moussaoui, il note que « la fermeture des lieux de culte musulman, la suspension des prières collectives, l'adaptation des rites funéraires et la suspension du pèlerinage vers les lieux saints de l'islam » n'ont pas donné lieu à de fortes controverses, même si « les premières heures de la pandémie furent éprouvantes », avec en particulier « l'impossibilité d'accomplir le rite de la toilette mortuaire qui accompagne le dernier voyage d'un défunt ou celle d'enterrer [ses] proches dans les carrés musulmans trop limités de nos cimetières », rappelle Chems-eddine Hafiz. Quant aux bouddhistes, explique Olivier Wang-Genh, ils « ont spontanément utilisé le mot "retraite" [...], temps de suspension, d'interruption et d'ouverture sur de nouveaux espaces ».

Ce fut donc tout autant pour leurs propres communautés que les représentants des cultes musulman, juif et bouddhiste eurent une pensée soucieuse que pour leurs coreligionnaires chrétiens. Car si, comme l'écrit Éric de Moulins-Beaufort, « chaque culte, chaque religion a sa manière différente de comprendre la relation des humains à l'au-delà de l'humanité », « les chrétiens en général et les catholiques en particulier célèbrent dans le culte des actes par lesquels l'assemblée réunie est intégrée dans un geste de salut qui commence avec le premier humain et s'achèvera avec le dernier ». La célébration des heures liturgiques y est donc centrale. Mais tout autant, précise-t-il aussitôt, que « la conversion du cœur ou, à tout le moins, un commencement de conversion du cœur ». À l'heure de l'épreuve tant individuelle que collective, avance Denis Malvy, la foi ouvre vers « un temps d'espérance, de réception du pardon, un temps de la proclamation de la Parole, là où elle n'avait pas encore retenti, en premier lieu à travers l'au-delà du fond de nous-mêmes. "Et sur ce roc" (Matthieu 16, 18), la Providence nous enlace, en contrepoint à la rencontre de Jacob avec l'Ange, la nuit durant et jusqu'à l'aube, bouche à bouche, face à face, corps à corps (cf. Genèse 32, 22-32) ».

Fraternité oblige ?

Deuxième enseignement commun, « l'homme couché oblige l'homme debout », selon les mots d'Alain Cordier. « Le visage astreint à une responsabilité envers autrui », poursuit-il en citant Levinas[14] et l'injonction biblique « Aime ton prochain comme toi-même » devient alors « Aime ton prochain, c'est ce qui te fait toi-même ».

Ce qui relève de cette « exigence de fraternité », sur laquelle reviennent tant d'auteurs de l'ouvrage, que ce soit Éric de Moulins-Beaufort, Véronique Margron, Olivier Abel, Emmanuel Adamakis et tant d'autres, a entraîné au cours de cette pandémie « de nouvelles solidarités, de nouvelles fraternités qui ont pallié les absences des familles lors des obsèques par exemple, mais également dans la vie quotidienne », écrit Haim Korsia. Cela a permis d'« offrir une aide humanitaire à tous celles et ceux, sans distinction, qui étaient en train de subir les contrecoups économiques de la crise sanitaire », précise Chems-eddine Hafiz. « Être homme », souffle Sadek Beloucif avec les mots de Saint-Exupéry, « c'est précisément être responsable. C'est connaître la honte en face d'une misère qui ne semblait pas dépendre de soi. C'est être fier d'une victoire que les camarades ont remportée. C'est sentir, en posant sa pierre, que l'on contribue à bâtir le monde. On veut confondre de tels hommes avec les toréadors ou les joueurs. On vante leur mépris de la mort. Mais je me moque bien du mépris de la mort. S'il ne tire pas ses racines d'une responsabilité acceptée, il n'est que signe de pauvreté ou d'excès de jeunesse[15]. »

Mais il semble bien, surtout dans les religions minoritaires, que cette exigence de fraternité ait été perçue à la fois comme une exigence tout autant religieuse que républicaine. Pour décrire le destin commun imposé par la pandémie, Mohammed Moussaoui convoque le prophète de l'islam, décrivant « un groupe de gens qui prennent place à bord d'un bateau ; certains obtiennent le pont supérieur et d'autres vont à l'entrepont. Lorsque ces derniers ont besoin d'eau, ils doivent passer par le pont supérieur. Si les occupants du pont supérieur ne leur facilitent pas l'accès à l'eau, ils seraient tentés d'y accéder en creusant un trou dans leur emplacement. Et si les autres les laissent faire, tout le monde fera naufrage ; dans le cas contraire tout le monde sera sain et sauf[16] ». Sur ce bateau pris dans la tempête, tient cependant à souligner Chems-eddine Hafiz, « durant l'épreuve historique qu'a représentée la pandémie de Covid-19, la majorité des musulmans ont fait corps avec la France. [Ils] furent, ni plus ni moins, des Français comme les autres », nous rappelant « cette maxime essentielle : c'est dans les moments de vérité que la République reconnaît les siens », ce que Chems-eddine Hafiz appelle cette même République à ne pas oublier.

Tout comme Hafiz et Moussaoui, Haim Korsia et Dan Arbib ne manquent pas de préciser que le sort de la communauté juive fut, dans un premier temps du moins, commun à celui de la population française tout entière, rappel qui traduit sans conteste une inquiétude antérieure à l'épidémie. « Dans cette aventure, nous ne fûmes pas seuls, mais avec tous », écrit ainsi Dan Arbib, pour tempérer tout aussitôt son propos : « Du moins jusqu'à une date récente. Car deux faits épouvantables nous singularisèrent enfin. D'abord le fameux *Qui ?* qui, enflammant les réseaux sociaux, injectait à nouveau dans les esprits le poison de l'antisémitisme [...]. Au même moment, il y eut l'étoile jaune brandie par les opposants au vaccin. » Et de poursuivre : « Il eût été très beau que les juifs pussent vivre cette pandémie *comme les autres*, dans l'anonymat qu'une communauté politique sage et saine devrait pouvoir assurer à ses membres. » Peut-être voit-on là revenir la tentation du blâme... ?

Une invitation à l'introspection

Peut-on espérer que dans la brèche ouverte par la double fatigue pandémique qui nous frappe désormais, celle d'un virus qui finirait paradoxalement par s'épuiser et celle de la société épuisée du virus, viendra, comme le suggère Denis Malvy, « la réception confiante de la faiblesse et de la finitude » ? Saurons-nous aussi, comme nous l'enjoint Bruno Cadoré, « rebâtir ensemble, face à la mort, ce que signifie un authentique au revoir[17] » ?

D'ores et déjà, montre Olivier Abel, « la crise sanitaire a pris la forme d'un *kairos*, d'un temps décisif, d'une occasion critique d'apercevoir ce qui est d'ordinaire inaperçu, de faire voir et de rendre sensible ce qui est d'ordinaire insensible, de réviser nos priorités tant personnelles que collectives ». « Qu'avons-nous considéré comme essentiel ? Comment avons-nous défini l'essentiel ? Comment réévaluer notre "trésor" ? interroge Michel Davy de Virville. Nous avons, malgré nous, repris conscience de notre condition mortelle ;

allons-nous l'"oublier" à nouveau ou bien saisir cette possibilité de faire de l'égale dignité une valeur d'humanité, une racine de notre vivre-ensemble ? » À quoi Olivier Abel répond : « Nous avons réappris le temps long, et que rien n'est à l'abri du sort, comme disait Simone Weil, à l'abri de ce qui peut juste arriver. Nous essaierons de ne plus l'oublier. »

Alors même que les disciplines biomédicales, de concert avec les pouvoirs publics, s'échinent à contrecarrer la pandémie et qu'on peut fermement espérer qu'ensemble ils y parviendront, il est patent que celle-ci nous a rappelé le tragique de notre condition, exposée qu'elle est non seulement à la maladie et à la mort, mais aussi à la manière dont elle s'y manifeste en inégalités, en solitudes indicibles ou en malchances individuelles. Cependant, il nous a été rappelé ici que les religions ou, plutôt, les communautés humaines qu'elles constituent, habitées par ce tragique, sont toujours susceptibles de prendre à leur compte l'événement qui fait peur et afflige, en y apportant la réponse de la récollection ou de la réinvention des liens de fraternité.

NOTES

1. Rosenberg 1989.

2. Ricœur 2004.

3. Cet exercice de réflexion collective a bénéficié du soutien de l'Agence nationale de la recherche et de l'Organisation mondiale de la santé. Il est de plus représentatif des missions dévolues à l'Institut Covid-19 Ad Memoriam, fondé le 22 mai 2020 à l'Université de Paris et l'IRD.

4. Voir par exemple Farmer 2006 ; Ginzburg 1990 ; Nelkin et Gilman 1988 ; Ranger et Slack 1992 ; Rosenberg 1989, 1992 ; Zylberman 2012.

5. Atlani-Duault 2009, 2015, 2019, 2020.

6. Hanson 2010 ; Kallet 2013 ; Longrigg 1992 ; Nielsen 1996 ; Thucydide 1972.

7. Cohn 2007 ; Mack 1991 ; Nohl 1969.

8. Altman 1986 ; Atlani-Duault 2005, 2007 ; Bourelly et Morel 2021 ; Dodier 2003 ; Fassin 2000 ; Fee et Krieger 1993 ; Gmerk 1989 ; McKay 2017 ; Pinell, Broqua, Busscher, Jauffret et Thiaudière 2002 ; Pollak 1988 ; Treichler 1987.

9. Rogers 1989 ; Williams 2013 ; Wilson 2005.

10. Bercé 1993 ; Cohn 2018 ; Fabre 1998 ; Naphy 2002 ; Revel 1970 ; Shrewsbury 1970.

11. Baehrel 1951 Baldwin 1999 ; 1952 ; Bardet, Bourdelais, Guillaume, Lebrun et Quetel 1988 ; Bourdelais et Raulot 1987 ; Bourdelais et Dodin 1987 ; Briggs 1961 ; Chevalier 1958 ; Durey 1979 ; Evans 1988 ; Kudlick 1996 ; Morris 1976 ; Rosenberg 1962 ; Snowden 1995.

12. Broom et Broom 2017 ; Chabrol 2014 ; Dozon 2017 ; Fairhead 2016 ; Hewlett et Howlett 2008 ; Lachenal 2014 ; Landry Faye 2015 ; Roy, Moreau, Rousseau, Mercier, Wilson et Atlani-Duault 2020 ; Sinha et Parmet 2016 ; Ungar 1998 ; Wilkinson et Fairhead 2017.

13. Hillesum 1985.

14. Levinas 1999.

15. Saint-Exupéry 1939.

16. *Sahih al-Boukhari* (Recueil de l'imam al-Bukhari), n° 2493.

17. Cadoré 2020.

Peur, courage, sagesse, espérance : de la vertu en temps de crise sanitaire

*Éric de Moulins-Beaufort**

L'annonce brutale du confinement total a mis chacun en face de la peur possible. Peur de mourir, peur d'être malade, mais aussi peur pour celles et ceux que l'on aime, et plus encore peur de devenir cause de mort pour les autres. Brusquement, un soir, la maladie a paru s'approcher de tous, et avec elle les souffrances physiques et morales possibles. Chacun a éprouvé que l'horizon de la mort avait avancé, d'un coup, de plusieurs pas. Une fois l'annonce digérée, chacun a réagi selon ce qu'il était, en fonction de ses responsabilités familiales d'abord, sociales ensuite pour la plupart, en fonction de son état de santé, de son expérience de la maladie chez lui ou chez ses proches. Chacun a dû à un moment donné se demander de manière plus ou moins consciente : ai-je peur ? Si oui, pourquoi ? Si non, pourquoi aussi ? Car le courage n'est pas le contraire de la peur. Depuis Aristote au moins, nous savons que la vertu est un chemin entre deux extrêmes, en l'occurrence

---

* Archevêque de Reims et des Ardennes et président de la Conférence des évêques de France.

la lâcheté et la témérité. Les vrais courageux ne sont pas ceux et celles qui n'ont pas peur, ceux-là peuvent n'être que des inconscients. Sont vraiment courageux ceux et celles qui, par-delà la peur, choisissent de servir la vie des autres. Le personnel soignant à tous ses échelons, les personnes rendant leur travail possible – ainsi le personnel administratif et le personnel de nettoyage, de gardiennage, d'entretien –, les prétendument « petits métiers » – caissières et caissiers, éboueurs, policiers, pompiers et beaucoup d'autres –, les enseignants qui ont accueilli les enfants des parents obligés de quitter leur domicile pour travailler… celles-là et ceux-là ont été courageux parce qu'ils et elles couraient un risque réel, avec cette maladie indécelable et aux conséquences difficiles à prévoir en chacun.

Pourquoi la peur s'est-elle ainsi abattue sur nous ? Parce qu'« on » nous a fait peur. « On », ce sont nos gouvernants, les spécialistes qui les conseillaient, les moyens de communication sociale. Il a fallu nous faire peur parce qu'avant cela, trop peu respectaient les « gestes barrières ». Tout un samedi de grand beau temps avait permis de vérifier que les Français, massivement, n'avaient pas pris la mesure de ce qui risquait d'arriver. Comment convaincre tout un peuple de se comporter de manière responsable et, plus difficile encore, de manière responsable par rapport aux autres ? Le défi était immense, il faut le mettre au crédit de nos responsables politiques et de leurs conseillers, car l'attitude responsable supposait – elle suppose toujours – de renoncer à ce que l'on pouvait faire ou se procurer. Or, nos sociétés occidentales ont depuis des décennies construit leur prospérité par une pression sociale qui appelle à ne rien se refuser. La brutalité du confinement, en confrontant chacun avec la peur, la peur en ses différentes modalités énumérées plus haut, a forcé l'adhésion aux gestes barrières, par la peur mais pas seulement : peu à peu, chacun a apprivoisé sa peur, avec plus ou moins de réussite, chacun a réalisé, mais à des degrés différents, ce qu'il fallait éviter. Il est vite apparu évident que la seule peur de l'amende encourue ne pouvait suffire. Elle pouvait même entraîner des comportements absurdes, dépourvus d'humanité. Le confinement strict des Ehpad a pu entraîner des attitudes de ce genre : des événements encore présents dans les mémoires font que les responsables, à tous les niveaux, redoutent plus que tout que leurs décisions, quelles qu'en soient les motivations, les conduisent à un procès. On a préservé des vies humaines mais en les réduisant à des quantités, sans prendre en compte ce qui donne sens et goût au fait de vivre.

Or, ce qui permet de dépasser la peur est double : une certaine capacité de paix intérieure plus forte que les angoisses et une certaine joie à être responsable des autres. Chaque être humain nourrit ces deux attitudes intérieures comme il peut. Il est capital d'avoir des sources pour les nourrir. Il n'est pas certain que l'audition en boucle des informations pendant le temps du confinement ait permis d'alimenter ces attitudes. Il est même certain que celles et ceux qui ont pu traverser les semaines de confinement en en transfigurant les contraintes et les inquiétudes dans une expérience positive sont ceux et celles qui ont pu renforcer en eux la conscience de leur responsabilité à l'égard des autres sans en être écrasés mais en s'en trouvant dilatés intérieurement et ceux et celles qui ont trouvé en eux plus de paix que les tracas du moment et les angoisses qui les traversaient. Pour les chrétiens, célébrer le Carême, la semaine sainte et le Triduum de Pâques a été une magnifique coïncidence. La mémoire liturgique de la mort et de la résurrection du Christ, associée avec la libération d'Israël dont les chrétiens font mémoire à la suite des juifs, a permis d'inscrire ce qui habitait les âmes et les cœurs en ces semaines dans l'action de Dieu qui ouvre à l'humanité menacée par la mort et la haine une porte vers la vie et le pardon.

Loi et liberté

Je reste pour ma part stupéfait que quelques-uns puissent dire et écrire que nous avons été privés de liberté. Dans le meilleur des cas, ils précisent : de la liberté d'aller et venir. Mais nous en serions privés si nous allions en prison ou en déportation. Là, tout au plus une amende, certes élevée mais contestable, le cas échéant, devant la justice. Nous n'avons pas été privés de liberté ; il a été exigé de nous que nous nous comportions de façon responsable. Dans une vue chrétienne de la loi, la vraie liberté consiste à outrepasser la loi, non pas à la transgresser, ce qui est trop facile. La liberté véritable se manifeste par des actions où l'on choisit tout ensemble de s'abstenir de ce que la loi interdit et de faire plus qu'elle ne demande, avec la confiance ou l'espérance qu'une telle attitude porte un fruit pour le bien et la joie présents ou futurs de tous. Saint Paul s'est efforcé d'élaborer cela le plus précisément possible.

Il est toutefois utile de remarquer, maintenant que la phase d'apparition du virus est passée, que beaucoup ont surinterprété les règles fixées. Des activités ont cessé, des entreprises ont fermé, dont certaines auraient pu continuer leur activité. Certes, dans certains secteurs, produire n'a pas de sens si personne ne vient, mais dans beaucoup d'autres, il eût été possible et il a été possible de continuer à proposer le même service ou de préparer l'avenir par le stockage par exemple. Il est vrai que l'accueil des enfants dont les établissements étaient fermés a obligé bien des parents à rester à la maison et que la protection des personnes vulnérables a conduit à écarter des entreprises et autres lieux publics bien des acteurs ; le dispositif de chômage partiel mis en place sans délai et avec efficacité par les pouvoirs publics a encouragé beaucoup à profiter de ce temps inattendu sans s'inquiéter pour l'avenir. Il n'en reste pas moins que l'expérience faite devrait conduire à réfléchir aux moyens à employer pour faire face à une telle menace en s'appuyant sur le sens de la responsabilité de chacun plutôt que sur la peur et la contrainte de la loi. Heureusement, bien des personnes ont su trouver par elles-mêmes les moyens de maintenir leur solidarité active, leur générosité efficace, repérant les besoins de leurs voisins, de leurs proches et aussi de certaines catégories de personnes privées des secours ou des soutiens ordinaires.

La surinterprétation des règles me paraît due au phénomène suivant. Dans la réflexion de saint Paul reprenant et portant plus loin les prémices contenues dans l'histoire de l'alliance d'Israël avec Dieu, la loi de l'État est reliée à la loi morale et à la loi de Dieu. Notre monde sécularisé ne connaît plus guère la loi de Dieu et a bien du mal à s'accrocher à une loi morale. Depuis des décennies, nos sociétés politiques ne veulent plus voir dans la loi que l'organisation des rapports humains en fonction des possibilités techniques dont nous disposons et l'extension de cette compréhension-là se paie du refus de toute référence, même implicite, à une réalité du bien et du mal qui serait préalable à un accord passé entre les humains, que cet accord ne ferait que déchiffrer.

Du côté des cultes, j'ai eu l'occasion de signaler le contraste entre la bienveillance du chef de l'État qui a pris le temps de remercier les responsables des cultes et des loges maçonniques pour leur participation pleine et entière à l'effort national de protection et la brutalité de certaines décisions gouvernementales annoncées par des déclarations à l'Assemblée nationale sans donner aucune réponse à des propositions pourtant demandées. Il y a eu à cette situation une raison simple : un des premiers foyers d'épidémie repérés a été un culte évangélique à Mulhouse, qui avait rassemblé des fidèles venus de la France entière. Mais ce lieu a été désigné publiquement sans que soit reconnu que ses organisateurs avaient respecté les consignes alors données. Ces consignes étaient insuffisantes, mais tel était l'état d'information et de compréhension des autorités de l'État à ce moment-là. Ce manque initial de vérité a été une des raisons qui ont conduit à traiter les rassemblements cultuels comme particulièrement dangereux et à préférer résoudre tout problème par une suspension généralisée des activités liturgiques.

L'autre raison a été la diversité des cultes, notamment face au déconfinement. Les chrétiens ont célébré la Semaine sainte et Pâques sous le régime du confinement strict et ils l'ont fait de bon cœur ; ces célébrations passées, ils aspiraient à reprendre le cours normal de leurs activités puisqu'une grande partie des activités sociales étaient appelées à recommencer. Les musulmans, eux, sont entrés en Ramadan pendant cette période et n'en sont sortis qu'un mois après la fin du confinement strict ; leurs responsables ont fait courageusement et lucidement le choix de maintenir les mosquées et salles de prière fermées jusqu'après les jours de fêtes. Les juifs ont été fortement marqués par des cas de transmission pendant les fêtes de Pourim, juste avant la décision de confinement strict ; la taille de leurs lieux de célébration a amené leurs responsables à préférer maintenir la suspension jusqu'à ce qu'il soit possible de mesurer les premiers effets du déconfinement. En réalité, les cultes ont eu les mêmes analyses et les mêmes attentes ; seulement, leurs calendriers ne sont pas identiques ni la nature de leurs célébrations. Il était inadéquat, dans une société de liberté, de les traiter tous comme relevant des mêmes règles, des mêmes dates, comme si les citoyens français étaient incapables de comprendre que la différence des situations entraînait des régimes différents. La généralité de la loi et du règlement n'a pas à être telle qu'elle traite également des situations qui, au regard de ce qui motive telle loi ou tel règlement, sont diverses.

L'enjeu qui porte cette affaire, en soi relativement

anodine, est le suivant. L'État, c'est-à-dire le politique au sens large, sent bien qu'il y a entre les êtres humains des liens qui fonctionnent sur une autre logique que la sienne ; il n'hésite pas à y avoir recours lorsqu'il en a besoin, par exemple pour vérifier que les esprits supportent le confinement avec paix, mais il a du mal à reconnaître que cette logique doit pouvoir se déployer en dehors de lui. Réciproquement, il n'est pas toujours aisé pour les responsables des cultes de prendre leurs responsabilités sans la tutelle protectrice de l'État, parce qu'ils ne disposent pas de la force et ne peuvent jouer que de la conviction pour entraîner celles et ceux qui veulent vivre de ce qu'ils croient et enseignent. Pour les chrétiens, l'enjeu spirituel profond est celui de la charité, de l'amour qui fait que quelqu'un renonce à lui-même pour que les autres vivent davantage. Quelles traductions sociales donner à la charité ? Comment porter la responsabilité en faveur de tous dans nos comportements ? Comment le culte de Dieu s'accomplit-il dans des décisions de charité individuelles et collectives ?

Culte et culture, divertissement et liberté

Un des secteurs qui ont le plus souffert du confinement et qui continuent à faire les frais du déconfinement est le secteur de la culture. À y réfléchir, ce secteur, lorsqu'on en parle, englobe des réalités hétérogènes : aussi bien un roman que l'atelier d'un artiste peintre ou d'un compositeur de musique, qu'un musée ou une salle de concert, qu'un festival où l'on écoute assis la présentation d'une œuvre qu'un festival où l'on danse et où la drogue circule, voire qu'une boîte de nuit. En fait, la culture dont il est question est surtout appréhendée selon sa réalité économique : le travail de l'écrivain est peu marqué par l'épidémie, sauf à en faire son sujet, tandis que la diffusion de ses livres est empêchée ou transformée par la fermeture des librairies et le loisir forcé de beaucoup.

Les cultes ont fait l'objet d'un traitement spécial de la part du président de la République mais ont été comme assimilés aux activités culturelles dans les mesures qui ont encadré leur activité, des activités culturelles qui, de surcroît, ne génèrent pas de valeur économique. Quelle part dans le PIB ? Cette dualité de traitement a renvoyé chacun à la question : à quoi servent les cultes ? Pourquoi tant d'égards de la part du chef de l'État et si peu de prise en compte de leur particularité dans les mesures concrètes ? Dans une société sécularisée comme la nôtre, où beaucoup de nos concitoyens se définissent comme sans religion, encore une fois, à quoi servent les cultes ?

La réponse la plus simple est que les cultes ne servent à rien ; en tout cas, ils ne cherchent pas à servir à quelque chose, ils n'existent pas pour répondre à un besoin strictement délimité. Il y a culte parce que l'humanité est humaine. Elle sait qu'elle vient d'au-delà d'elle-même et qu'elle vit pour davantage qu'elle-même. Chaque culte, chaque religion a sa manière différente de comprendre la relation des humains à l'au-delà de l'humanité. Les chrétiens en général et les catholiques en particulier célèbrent dans le culte des actes par lesquels l'assemblée réunie est intégrée dans un geste de salut qui commence avec le premier humain et s'achèvera avec le dernier. La conviction chrétienne est que tout mal commis est porteur de mort et coupe l'être humain de la source de la vie, le rendant complice des forces de la mort et de la division, mais que le mal commis, si horrible qu'il soit et quelle que soit sa masse accumulée dans les siècles, est dépassé et vaincu par le geste de Dieu dans le Christ. Le segment de vie de chacun et de tous est rejoint par l'acte du Christ sur la Croix et peut y trouver sa plénitude. Cette incorporation suppose certes la célébration liturgique mais aussi la conversion du cœur ou, à tout le moins, un commencement de conversion du cœur, que sa prise en charge par le Christ ressuscité assure seule de s'inscrire dans l'histoire totale de l'humanité. Pour le christianisme, contrairement aux apparences, le culte est toujours une question ; car le Christ Jésus ne fonde pas une religion, il ouvre une relation libre qui révèle à chacun son intériorité la plus profonde et part de cette intériorité pour le relier au Père, à Dieu dans ce qui en lui échappe le plus aux prises des humains. L'acte propre de cette relation n'est pas l'acte du culte, mais tout acte d'amour, c'est-à-dire de décentrement de soi pour l'autre, ce que saint Paul appelle le « sacrifice spirituel » (épître aux Romains 12, 1-2). La réponse est simple cependant : nul ne peut être certain de ce qu'il engage dans ses actes ; le culte liturgique offre la grâce d'intégrer nos actes toujours mêlés dans l'acte du Christ, généreusement ouvert à tous, prenant en charge le mal commis pour faire déboucher l'histoire des humains dans la communion éternelle. La loi de l'État, moins encore que la loi morale ou que la loi de Dieu, ne peut procurer l'amour. Elle ne peut purifier les intentions. Elle ne peut qu'assurer une certaine rectitude, toujours sujette à caution, des comportements.

La culture a d'autres ambitions : dans ses formes multiples et hétérogènes les unes aux autres, elle exprime l'élan de l'être humain qui le porte au-delà de lui-même et, dans le meilleur des cas, elle tire celui qui regarde une œuvre ou participe à un événement à quitter le confort de ses représentations pour accepter de regarder sa condition humaine et la vie autrement. On peut comprendre alors que la culture puisse inclure le divertissement au sens pascalien mais s'en distingue aussi : le divertissement extrait l'être humain de l'aventure spirituelle de la vie pour le promener dans sa surface excitante, il force l'excitation et évite ou esquive l'intensité. Un aspect important de l'expérience du confinement est que les moyens du divertissement ont été drastiquement limités. Certains en ont souffert, d'autres s'en sont trouvés libérés et ont trouvé ou retrouvé une liberté nouvelle pour se nourrir de culture et de culte. Le défi est posé devant chacun : comment, le monde reprenant son cours frénétique, garder la leçon de cette expérience ? Comment se dégager du divertissement pour choisir ce qui relève de la culture et ce qui fait grandir dans le culte « en esprit et en vérité » (Jean 4, 23-24) ? Je ne développe pas ce point mais il me paraît que ces questions portent en elles le secret d'une écologie intégrale par laquelle les humains pourraient renouveler leur rapport au cosmos entier.

Nous laisser changer

*Véronique Margron**

Combattre est bien la seule manière de répondre à la question du mal. « Le mal est ce contre quoi nous luttons ; en ce sens nous n'avons pas d'autre relation avec lui que cette relation du contre[1]. » Comme l'écrivait très joliment Christiane Rancé dans une tribune du journal *La Croix*, « d'innombrables Marthe s'affairent autour de nous[2] ». Demain, si nous sortons vivants de cette immense épreuve personnelle et collective, ne pas à nouveau oublier ces premiers de tranchée et savoir manifester notre gratitude. Peut-être que ces si longs mois nous réapprennent une vraie présence, celle qui se tient dans le souci d'autrui, en chair et en os, dans notre présence les uns aux autres, priante et suppliante, présence active et amicale, inquiète pour l'autre et tous les autres. Présenter le monde au Christ, lui présenter « celui que tu aimes [et qui] est malade » (Jean 11, 3).

---

* Théologienne, présidente de la Conférence des religieux et religieuses de France, et provinciale des sœurs dominicaines de la Présentation.

Un déplacement

Le dépouillement réclamé par la crise sanitaire, humaine, économique, écologique attend notre réponse sobre mais totale en faveur de ce corps fragile et précieux qu'est l'humanité de chacun et celle de tous. « Le malade demande de l'air et de l'aide en son nom et au nom de la planète tout entière[3]. »

En ces années, beaucoup d'entre nous ont tremblé, pleuré, pour des proches morts ou en situation très critique, ramenant toute notre existence à cet élémentaire, comme à la foi nue. Aujourd'hui, il ne s'agit pas de reprendre la vie là où nous l'avons laissée, mais bien de faire entrer en nous les bouleversements provoqués par ce temps et d'en être changés. Comment se laisser authentiquement visiter, déplacer, interroger par ce qui s'est passé, par cet événement venu tout troubler ?

La mémoire et la fraternité

« Je sais, moi, que mon *goël* est vivant, que, le dernier, il se lèvera sur la poussière ; et quand bien même on m'arracherait la peau, de ma chair je verrai Dieu. Je le verrai, moi en personne, et si mes yeux le regardent, il ne sera plus un étranger » (Job 19, 25-27).

Nous le savons, pour nous-mêmes peut-être et pour tant d'autres, la mort qui aura cogné aux portes de nos maisons laisse en état de choc, de sidération. Car pour nombre de gens il n'aura pas été possible de visiter, d'accompagner et pas davantage de se tenir là, ensemble, auprès du corps mort, pour l'entourer certes, mais surtout nous accompagner les uns les autres, nous consoler. Au mieux une présence lors de l'inhumation – très rarement pour les crémations – aura pu se faire. En tout petit comité et rapide. Comment alors dire la dette à ceux qui partent ? Comment même croire qu'ils sont bien morts quand aucune affection n'est venue l'attester au plus près ?

Il y aura beaucoup à dire sur la nécessité sanitaire – ou pas – qui a obligé à de telles inhumanités, à de telles cruautés parfois. Nous débattrons – et il le faudra – entre Antigone et Créon. Peut-on les réconcilier ? Un compromis est-il possible, ou l'«étroitesse de l'angle d'engagement », la manière dont chacun des acteurs s'enfonce dans son rôle sans pouvoir en sortir les rend-il à tout jamais irréconciliables[4] ? N'est-ce pas là une structure de malheur que ce tragique qui oppose deux droits, deux règles, aussi légitimes et incompatibles l'une que l'autre ? Le corps-à-corps avec le Covid-19 peut-il nous apprendre à réconcilier « le prochain et le *socius* » que Paul Ricœur déclinait dès 1954[5] à partir du commandement biblique « Tu aimeras ton prochain comme toi-même » ? Dépliant alors la parabole du bon Samaritain, il s'agit de répondre à la question : *qui* est mon prochain ? Spontanément, nous pensons le monde du prochain comme celui des relations courtes, immédiates, entre personnes qui se connaissent, et le monde du *socius* tel celui des relations longues, médiatisées par des circuits collectifs complexes et anonymes. Mais, en suivant le raisonnement de Ricœur, il s'agit de sortir de l'impasse où ces catégories mènent éthiquement parlant afin de signifier que le prochain n'est justement pas une catégorie, celle de mes proches, mais un mouvement : se faire le proche. Façon alors d'élargir son angle d'engagement. « On n'a pas un prochain ; je me fais le prochain de quelqu'un[6]. » Il convient alors de pouvoir penser le lien social comme à la fois jamais assez intime et jamais assez vaste. Ainsi, « le prochain, c'est la double existence du proche et du lointain[7] ».

Voilà où nous sommes, peut-être, où nous souhaitons nous orienter, et en tout cas où la pensée croyante me mène. Une éthique de détresse qui devienne une éthique de promesse : celle où le souci des autres, du « quiconque », comme l'écrit Christoph Theobald[8], devient premier. Où la visée éthique propre au soin d'humanité impose de ne jamais faire fi de la règle de justice, de la restauration d'une réciprocité. Entendre la demande infinie de respect, de sollicitude au cœur de toute réponse finie par l'action de soin, de soutien. Mémoire alors d'une fraternité universelle tout autant que singulière qui élargit le possible d'humanité, l'angle d'engagement.

Un élargissement, une fraternité qui doivent inclure la douloureuse question toujours non résolue après près de deux ans de pandémie : comment soutenir le difficile travail de perte quand il fut impossible, ou presque, de prendre soin des morts ? Inquiétude pour les chrétiens bien sûr, et les croyants de toute religion, qui n'auront pu célébrer leurs morts et les confier ensemble au Dieu de toute pitié, mais aussi pour tous, car face au chagrin, à la perte, au mélange des sentiments, à la culpabilité de ne pas avoir fait ce que nous aurions voulu faire, nous sommes tous égaux, tous dépouillés. Comment renouer le fil d'humanité qui nous tient ensemble, les vivants et les morts ?

Le pur et l'impur

Comme d'autres maladies contagieuses, la peste, le sida et tant d'autres, le Covid-19 aura réintroduit dans nos sociétés l'antique question du pur et de l'impur. Ne faut-il pas, dès que l'on entre quelque part, se purifier les mains à l'aide de gel hydroalcoolique ou respecter un nombre important d'interdits (se serrer la main, quitter son masque, s'embrasser, tousser ou éternuer dans son coude…) ? Toutes nos relations sont devenues graves et distanciées, génératrices possibles de peur. Le pur et l'impur sont une très vieille histoire biblique qui se tient d'abord du côté de l'impureté rituelle, comme dans le livre du Lévitique (chap. 11 à 16) où pur et impur qualifient autant des conduites humaines, des états temporaires (sang, sperme…) ou non (cadavres), des conduites alimentaires, des animaux et enfin ce qui touche au culte et au Temple. Face à toutes les occasions d'être rendu impur, des rites sont là pour retrouver la pureté et être réinséré dans le corps social. Une hypothèse se dégage de la lecture de ces textes mais aussi du livre de Job, atteint par un ulcère géant : le brouillage des frontières – du corps, de l'individualité, de l'ordre de la création… – crée de la peur, menace la cohésion et de faire retourner dans un *tohu bohu*, un chaos originaire. Le virus, invisible par nature, ne crée-t-il pas ce brouillage ?

Une histoire du pur et de l'impur qui traverse le récit de la chrétienté, comme en témoigne l'histoire du « renoncement à la chair[9] », éloge de la pureté sexuelle, clôture du corps et de l'âme pour les Pères de l'Église*. Mais également l'histoire de la pureté du sang et du métissage dans « les Amériques » du XVIᵉ siècle. Faut-il rappeler les arrêtés royaux espagnols de 1549 interdisant aux Espagnols de prendre des femmes indiennes comme épouses ou comme concubines ? Mais toutes les mesures discriminatoires afin que mariage, entrée à l'université, ordination de prêtre soient subordonnés à la présentation d'un certificat de pureté de sang n'empêcheront pas le métissage de se poursuivre, au point que plus personne ne pourra se prévaloir d'un sang pur !

Le mélange – c'est bien le cas de le dire – du religieux le plus archaïque et du politique a fait aboutir à ces folies qui traversèrent et traversent encore les religions. Et pourtant, le christianisme, par les évangiles, est ici porteur de la subversion du religieux et vient éclairer tout autrement notre situation contemporaine.

En effet, le « souffle impur » (*pneuma daimoniou*) est une puissance a-sociale, qui s'attaque à l'intégrité de l'être humain, le menace d'une façon ou d'une autre. La racine grecque évoque ce qui déchire. « Souffle d'un démon impur » (Luc 4, 33), un démon qui cause des dysfonctionnements physiques ou mentaux, vit dans

---

* Par exemple, Tertullien, converti à la fin du IIᵉ siècle, en fut le premier théoricien : « Grâce à la continence, tu acquerras un grand fonds de sainteté et, par l'économie faite sur la chair, tu investiras dans l'Esprit » (saint Jean Chrysostome, *De la virginité*, 9, 6-10).

les lieux inhabités (Luc 11, 24), sort en bande et non en troupe organisée (Matthieu 10, 25). Le concept de *daimonion*, ou de *pneuma akatharta*, est là pour rendre compte de la mystérieuse réalité des maladies qui affligent les humains et frappent n'importe quand, n'importe où. Comme le Covid-19.

Il faut lire la seule péricope, chez Marc (7, 1-23), traitant des questions d'impureté dans une controverse. Les pharisiens et les scribes demandèrent à Jésus : « Pourquoi tes disciples ne suivent-ils pas la tradition des anciens ? Ils prennent leurs repas avec des mains impures. » Après avoir débattu avec les pharisiens et devant ses disciples, Jésus prend la foule à témoin. Il s'agit de dire ce qui est vraiment pur et impur aux yeux de Dieu. Il y a bien une opposition entre l'intérieur et l'extérieur, mais non entre ce qui est extérieur à l'homme et ce qui entre en lui. Le lieu décisif est le cœur. Les lois alimentaires (Lévitique 11 ; Deutéronome 14, 3-21) sont abrogées et par là même une barrière socioreligieuse entre Juifs et gens des nations. Cela au profit de la « loi nouvelle », la pureté du cœur, qui n'est pas un concept flou, mais se décline à partir de la liste de douze transgressions, pensées perverses, inconduite, vol, meurtre, adultère, cupidité, méchanceté, fraude, débauche, envie, diffamation, orgueil et démesure. La pureté authentique n'est pas rituelle mais éthique. Pour Jésus, comme maître juif – manifestant sa connaissance des Écritures –, le domaine de l'extériorité, de ce qui se voit, est délaissé au profit de celui de l'intériorité, de ce qui rend justes – ou non – les actions et les manières de vivre. Ce n'est pas à la frontière qu'il faut monter la garde, mais à l'intérieur afin que le cœur ne s'endurcisse pas. Il n'est plus question de défense ou de contamination mais d'une sainteté qui, au contraire, doit être contagieuse, ouverte à tous. Voilà, je crois, ce à quoi nous sommes aujourd'hui convoqués.

On lira encore avec grand profit le récit de Marc 5, 21-43 sur la femme aux pertes de sang. Une histoire de sang perdu et de vie retrouvée. Une rencontre avec une femme impure presque par naissance, tant ses pertes de sang remontent loin ; elle est comme morte. Sa situation est longuement décrite, douze ans de malheur. Elle ne cherche plus un médecin, mais un sauveur. Il suffit, pense-t-elle, qu'elle touche Jésus pour être enfin délivrée. Elle, privée de tout contact à cause de son impureté, veut toucher. Seulement toucher. Son geste, d'ailleurs, va réussir, avec un jeu de mots en hébreu sur le verbe *yavesh* qui signifie « devenir sec » mais aussi « avoir honte » car c'est une honte de devenir sec. Mais ici tout est renversé : le dessèchement supprime la honte au lieu de la provoquer. Le cours des choses est retourné : c'est la femme qui est en communion avec Jésus, sauvée par sa foi. Elle a enfreint les règles de pureté légale, et la voilà engendrée : *thugatèr*, « ma fille ». Elle est de la famille de Jésus, de ceux qui écoutent sa parole et la mettent en pratique.

La pureté est la mise en adéquation entre le cœur et la manière de vivre, d'aimer. Rejet d'une pureté sociale et rituelle au profit de l'élan du cœur et de son courage ; comme pour cette femme atteinte de pertes de sang.

Devant cette tragique pandémie, c'est bien de pureté du cœur qu'il est question, car cette pureté-là est tournée vers l'avant et non vers le dedans. Vivre pour l'autre, tout autre, voilà la pureté communicationnelle à laquelle nous sommes convoqués. Et bien au-delà de la pandémie, bien après elle. Y compris dans cette interrogation : comment toucher, comment trouver les gestes justes pour restaurer de l'humain, de la dignité, sans pour autant mettre en danger ? Car les humains que nous sommes ne savent pas dire le soin sans le toucher, loin du corps.

Des réparateurs

Le Covid-19 aura souligné combien nous allons d'incertitude en incertitude. « Attends-toi à l'inattendu », écrivait Edgar Morin dans *Le Monde*, face à un « festival d'incertitudes[10] » : origine du virus, mutations possibles, régression ou pas de l'épidémie et quand ; conséquences psychiques, familiales, conjugales du confinement ; suites politiques, économiques, nationales et planétaires de tout ce drame… « Nous ne savons pas si nous devons en attendre du pire, du meilleur, un mélange des deux : nous allons vers de nouvelles incertitudes[11]. »

Voilà alors qui exige notre modestie à nous tous. Aux plus savants, aux politiques et aux acteurs du monde commun d'hier, comme à l'Église et à chacun de nous. Pour ce qui est de l'Église catholique, le drame et le scandale des abus et des agressions sexuels ramenaient déjà, douloureusement et difficilement, à cette nécessaire modestie qui consiste d'abord à apprendre d'autrui, à commencer par celles et ceux qui ont été brisés par ces crimes. Se mettre à l'école de « l'envers du monde », selon le beau titre de l'ouvrage du dominicain Bruno Cadoré[12].

Renoncer aux certitudes, aux idées toutes faites, aux prétentions faciles. Ne pas céder à cette pente très commune d'être des experts de pacotille du Covid-19, du confinement, du déconfinement, des mesures barrières et autres schémas vaccinaux. Renoncer à l'ultracrépidarianisme, cette assurance propre à l'incompétence : « Je ne suis pas épidémiologiste, mais je pense que… », « Je ne suis pas infectiologue mais pour le vaccin je pense que… ». Je dois à l'épatant philosophe des sciences Étienne Klein d'avoir appris ce mot jouissif qui est tel un glaive pour nous tous. L'ultracrépidarianisme signifie littéralement que « le cordonnier doit s'arrêter à sa chaussure », en traduction littérale de la locution latine *Suto, ne supra crepidam.*

Alors s'arrêter à notre chaussure et nous éclairer modestement, tâtonner tous, quitter toute superbe, car que « les choses continuent comme avant, voilà la catastrophe[13] ». Être dans le devoir d'hésiter, le courage de l'incertitude, qui n'empêche nullement l'engagement. Bien au contraire, qui l'appelle.

Ce temps a exacerbé difficultés, soupçons, mal de vivre de beaucoup, douleurs, voire rancœurs aussi. Ce n'est pas l'heure d'en rajouter, mais bien d'être de persévérants acteurs de relations, de reconnaissance. « La civilisation est un bien invisible puisqu'elle porte non sur les choses, mais sur les invisibles liens qui les nouent l'une à l'autre, ainsi et non autrement », soulignait Antoine de Saint-Exupéry[14] dans un courrier terrible et vibrant.

Ce qui est attendu, peut-être, c'est que nous soyons des « réparateurs de brèches ». « Tu rebâtiras les ruines anciennes, tu restaureras les fondations séculaires. On t'appellera *Celui qui répare les brèches, Celui qui remet en service les chemins* » (Isaïe 58, 12). Réparer les brèches, remettre les chemins en service, ce n'est pas s'occuper uniquement de nos communautés, mais des liens qui nous unissent à tous, de notre destin commun, abîmé par tant de drames et par cette épreuve collective, cette catastrophe. Réparer les brèches, ce n'est pas colmater – illusoirement – le passé. Que ferons-nous des malheurs vécus, des vies oubliées, des solitudes qui ont tué la vie, de toutes nos blessures ? Réparer les brèches, ce n'est pas refaire comme avant. C'est faire de nos douleurs, de nos fissures, autant d'occasions difficiles mais réelles d'ouverture pour inventer un monde neuf. En hébreu, *peretz*, « brèches », signifie aussi « éruptions, ouvertures ». Il faut bâtir pour regarder et découvrir les malheurs que nous n'avons pas voulu voir, des vies brisées par la mort et l'abandon, par la non-considération.

C'est ainsi que l'on peut lire l'histoire du petit arpenteur de Jérusalem dans le livre de Zacharie. Il vient mesurer la ville pour sa reconstruction, sa largeur et sa longueur, mais un ange lui fait comprendre que « Jérusalem doit rester une ville ouverte, à cause de la quantité d'hommes et de bétail qui la peupleront » (Zacharie 2, 8). Une ville dont le Seigneur lui-même sera la gloire. La ville à reconstruire, le monde à réparer ne rentrent pas dans des murailles de pierre. Construire du respect, de la reconnaissance, de la gratitude, c'est de cela qu'il est question aujourd'hui et il convient de le faire largement et avec largesse.

Alors ne soyons pas de simples petits arpenteurs, mais de modestes et opiniâtres bâtisseurs de fraternité. C'est là que se tient la mémoire vive du christianisme en sa vérité. Dans tant et tant de circonstances douloureuses du monde, sous toutes les latitudes, il a su, par de « simples croyants », être au plus près de la mort, de la défiguration, de l'échec, du malheur et de l'injustice. En tous ces moments, dans sa puissance inventive, son audace, c'est comme au bord du tombeau du Christ qu'il se tenait et se tient encore. Car les évangiles nous le racontent : ce sont celles qui ont été témoins de l'ensevelissement, de la mise au tombeau de Jésus qui seront témoins de sa résurrection. Rien de la foi n'est magique et il faut y avoir impliqué tout son être, sa chair. C'est en allant au plus près du malheur et de la mort de l'autre que nous pourrons déceler les signes d'une vie renouvelée, neuve. Être témoin en sa chair, voilà ce qui va contre les petits arpenteurs et bâtit par la vulnérabilité même une communauté humaine plus solidaire. Réparer les brèches pour élargir la tente, le regard, l'attention, le soin… En fin de compte, réparer les brèches de notre humanité, à la mesure de chacun, façon à nouveau de signifier l'infini du commandement « Tu aimeras ton prochain comme toi-même » dans la limite, bien étroite pourtant, de nos actes. Là se tient peut-être le courage de la fragilité, de notre fragilité, rendue plus lisible encore en ces temps.

Toute l'épaisseur de la foi au Dieu fait vrai homme et homme vrai en faveur des délaissés autant que des assoiffés de justice, de beauté et de vérité, invite au risque d'une espérance lucide pour avancer dans l'avenir afin de pouvoir « parler absolument aux hommes », comme le disait Saint-Ex dans cette lettre déjà citée. La vie chrétienne comme une façon d'habiter le monde. Rien de moins et rien de plus.

« Tout ce que ta main trouve à faire, avec la force que tu as, fais-le » (Qolelet 9, 10, traduction de Jacques Ellul).

NOTES

1. Ricœur 1988.
2. C. Rancé, *La Croix*, 23 avril 2020.
3. De Luca 2020.
4. Ricœur 2007.
5. Ricœur 1964.
6. *Ibid.*
7. *Ibid.*
8. Theobald 2007.
9. Brown 1995.
10. E. Morin, *Le Monde*, 18-19 avril 2020 ; cf. aussi Morin 2020.
11. *Ibid.*
12. Cadoré 2018.
13. Benjamin 2013.
14. Saint-Exupéry 1948 et 1956, lettre écrite probablement en juin 1943 et retrouvée après sa mort au large de Marseille, le 31 juillet 1944.

Fraternité

*Alain Cordier**

« Alors un légiste s'est manifesté dans l'intention de le mettre à l'épreuve et lui a demandé : "Maître, que dois-je faire pour hériter de la vie éternelle ?" Jésus a dit : "Qu'est-il écrit dans la Loi ? Que lis-tu ?" Il a répondu : "Tu aimeras le Seigneur ton Dieu sans la moindre réserve de ce qui te fait vouloir, être, agir et penser, et tu aimeras ton proche du même amour que toi-même. – Tu as bien répondu. Fais-le et tu vivras", lui a-t-il dit. Cherchant à paraître juste, il a demandé à Jésus : "Mais qui m'est proche ?" Jésus a repris la parole : "Un homme, alors qu'il se rend de Jérusalem à Jéricho, tombe sur des bandits. Ils le dépouillent, le rouent de coups. Puis ils partent, le laissant pour mort. Un prêtre passe là par hasard. Il le voit et continue son chemin. De la même façon arrive un lévite. Il le voit et continue son chemin. Mais un voyageur samaritain passe près de lui. Il le voit et s'émeut. Il s'approche

* A été membre du Collège de la HAS, vice-président du CCNE, président du conseil de la CNSA, président du directoire de Bayard-Presse, et directeur général de l'AP-HP.

et panse ses blessures. Il lui verse de l'huile et du vin et le hisse sur sa propre monture. Il le conduit dans une auberge et prend soin de lui. Le lendemain, il donne deux pièces d'argent à l'aubergiste en lui disant de prendre soin de lui et qu'il rembourserait, à son prochain passage, les frais supplémentaires quels qu'ils soient. Qui selon toi de ces trois-là a été proche de la victime des brigands ?" Il a répondu : "Celui qui a eu pitié de lui." Jésus a dit alors : "Va, et agis de cette façon" » (Luc 10, 25-37. Traduction Bible Bayard).

Les réflexions qui suivent ne sont pas toutes directement liées au Covid-19, mais de même qu'une volonté de spiritualité accrue a été revendiquée par de nombreuses personnes (sans que l'on sache forcément quelle définition y mettre), l'intensité et le caractère universel de la crise incitent bien sûr à approfondir la réflexion sur le mal et la commisération nécessaire pour l'autre. Au moment où ces lignes s'écrivent – début janvier 2022, énième vague épidémique –, avec le sentiment d'un jour sans fin face au SARS-CoV-2 et ses variants, vient en effet à l'esprit ce mot de Qohelet, l'auteur de l'Ecclésiaste, qui parlait des « jours mauvais dont tu diras "Je ne les aime pas" » (Qohelet 12, 1).

Face à tout mal, le questionnement métaphysique taraude les cœurs. En tout cela n'est-ce pas une nouvelle fois le constat amer de l'« absence » de Dieu, et plus encore du silence de Dieu ? La complainte de Job est bien présente dans les traditions des trois monothéismes. Questionnement spirituel exprimé par Elie Wiesel : « Le problème du silence de Dieu m'a préoccupé depuis mon enfance, c'est sans doute ma première question. J'étais là et je me disais : “Mais alors, pourquoi se tait-Il ?” J’avais accepté presque le silence des hommes, même la passivité des uns, la cruauté des autres, mais je n’ai jamais accepté le rôle de Dieu dans tout cela[1]. »

Comment comprendre en effet ? L’intuition de Levinas est alors majeure : « Le visage astreint à une responsabilité envers autrui. Transcendance originaire signifiant dans le concret, d’emblée éthique, du visage. Que dans le mal qui me pourchasse, m’atteigne le mal souffert par l’autre homme [...] comme si, avant de me lamenter de mon mal d’ici-bas, j’avais à répondre d’autrui, n’est-ce pas là, dans le mal [...] une percée du Bien ? La théophanie. La Révélation[2]. »

Si la crise sanitaire a beaucoup conduit à focaliser le débat sur le juste mais difficile équilibre entre liberté et protection des citoyens, ou entre liberté et responsabilité, l’exigence éthique de la fraternité ne saurait pour autant perdre de sa radicalité. Comme le souligne la Commission de réflexion sur la fin de vie en France, présidée par Didier Sicard, « il serait illusoire de penser que l’avenir de l’humanité se résume à l’affirmation sans limite d’une liberté individuelle, en oubliant que la personne humaine ne vit et ne s’invente que reliée à autrui et dépendante d’autrui[3] ». Nous incite notamment à cette réflexion la fameuse parabole du bon Samaritain.

« Aime ton prochain, c'est ce qui te fait toi-même »

Le Christ commence ainsi sa parabole en parlant du bon Samaritain arrivant près d'un homme laissé pour mort sur la route après avoir été dépouillé et roué de coups par des brigands : « Il le voit et s'émeut. » L'évangéliste écrivant en grec veut dire que le bon Samaritain est pris aux entrailles, aux tripes. Il n'est pas faux de chercher à maîtriser nos réactions émotives pour ne pas perdre en discernement. La distanciation est nécessaire au thérapeute. Mais elle ne saurait tout dire du soin. Se laisser prendre par l'émotion, c'est aussi une forme d'humilité qui peut mettre en mouvement vers autrui. Si l'émotion fragilise, c'est qu'elle déstabilise la suffisance, la certitude, toute position de surplomb vis-à-vis d'autrui. Une pandémie, ce ne sont pas que des statistiques de contamination, d'occupation de lits, d'incidence et de mortalité. C'est d'abord un drame, qui touche celles et ceux directement concernés, qui bouscule tout un monde et des cultures bien établies – un tohu-bohu anthropologique dont nous sommes loin de mesurer tous les effets. Le bon Samaritain, ému, comprend à cet instant que l'autre est le plus important. L'autonomie suppose une hétéronomie préalable – la vie vient d'un autre ! Nous recevons notre être, notre être nous est donné avant même que nous soyons et que nous construisions notre être. Le bon Samaritain s'approche de l'homme à terre, là où d'autres continuent leur chemin en prenant l'autre côté de la route pour passer prudemment à bonne distance du laissé pour mort. Là où d'autres détournent le regard de la personne souffrante, le bon Samaritain détourne son pas vers elle. Il se décentre, le centre devient l'autre. Comme lorsque le navigateur en mer, alerté par le canal 16 de sa VHF, détourne son cap s'il passe à proximité d'un naufragé.

Levinas parlait de « substitution » pour désigner ici un mouvement premier d'humanité, mouvement avant même toute volonté altruiste, mouvement plus radical qu'une attention bienveillante venant comme de surcroît contraindre le cours de nos vies. Si la compétence appartient au devoir éthique du soignant, il en va en premier du partage d'une commune humanité, qui veut dire abaissement de toute superbe, cheminement en commun. En l'espèce le texte évangélique précise que ce sont des religieux dont la superbe leur fait détourner le regard. Le pape François le souligne : « C'est un avertissement fort : c'est le signe que croire en Dieu et L'adorer ne garantit pas de vivre selon Sa volonté. [...] Le paradoxe, c'est que parfois ceux qui affirment ne pas croire peuvent accomplir la volonté de Dieu mieux que les croyants[4]. »

Toute crise, celle liée au Covid-19 ne fait pas exception, réveille les passions les plus obscures, cherchant le bouc émissaire en celle ou celui qui vient d'ailleurs, à l'opposé de l'injonction biblique de rendre justice à l'orphelin et à la veuve, et d'aimer l'immigré en lui donnant du pain et un manteau (Deutéronome, 10, 18). Dans cette parabole, le Samaritain est le seul de sang mêlé, intention délibérée du Christ de parler d'un habitant de Judée aidé par un Samaritain. « Ce détail est d'une importance exceptionnelle dans la réflexion sur un amour ouvert à tous. Les Samaritains habitaient une région gagnée par les rites païens, et, aux yeux des Juifs, cela les rendait impurs, détestables, dangereux[5]. » Ce qui conduit le pape François à cette réflexion : « Il s'en trouve encore qui semblent se sentir encouragés, ou du moins autorisés, par leur foi à défendre diverses formes de nationalismes, fondés sur le repli sur soi et violents, des attitudes xénophobes, le mépris, voire les mauvais traitements à l'égard de ceux qui sont différents. La foi, de par l'humanisme qu'elle renferme, doit garder un vif sens critique face à ces tendances et aider à réagir rapidement quand elles commencent à s'infiltrer[6]. »

Le questionnement ne conduit pas à se « pencher » sur la situation des personnes les plus vulnérables pour étudier ce que nous pourrions faire pour elles. Ce qui est en jeu exige beaucoup plus que la nécessité de changer le regard que l'on porte sur les personnes malades ou en situation de perte d'autonomie, sur les plus démunis et les plus exclus. C'est certes un pas majeur de changer de regard sur les blessés de la vie, et ce sera déjà un progrès significatif si nous y parvenons réellement. Mais l'exigence éthique va bien au-delà. Car si le regard humain peut déshumaniser, on ne le sait, hélas, que trop, l'inverse n'est pas exact d'une certaine manière. Ce n'est pas moi seul qui peux décider de l'humanité de l'autre. La personne souffrante ou en perte d'autonomie ou exclue n'a pas besoin de moi pour se savoir humaine dans son intime ! C'est elle en réalité qui me fait advenir à mon humanité en fissurant mon ego que je croyais seul constitutif de moi-même. L'injonction biblique « Aime ton prochain comme toi-même » signifie selon l'intuition lévinassienne « Aime ton prochain, c'est ce qui te fait toi-même ».

Ce qui nous oblige tous, c'est l'impossibilité de se dérober à l'appel du plus vulnérable, c'est détourner le pas vers lui et s'approcher de lui. Ce que Levinas appelait « la vocation médicale de l'homme[7] ». Où nous mesurons alors la profonde morsure du Covid-19 quand les exigences de la prophylaxie conduisent à la distanciation physique, le port d'un masque, la numérisation des rencontres familiales et amoureuses, des modalités de travail et des actes de consommation courante. Au début de l'épidémie de Covid-19, le président de France Parkinson avait fort justement écrit dans une des publications de l'association qu'il revendiquait « le droit d'avoir peur », soulignant « l'impression lucide d'être face à une menace qui plane sur l'humanité tout entière », voulant espérer que cette peur soit « le terreau d'une conscience aiguë de notre fragilité et de celle du monde » pour y « planter de belles graines de solidarité ».

L'homme couché oblige l'homme debout

En médecine c'est découvrir que l'homme couché oblige l'homme debout, au sens de « Noblesse oblige ». Renversement décisif qui veut que la faiblesse s'impose à la force. Pour Platon, aucun savoir médical n'a en vue ni ne prescrit ce qui est le profit du plus fort, mais ce qui l'est du plus faible. C'est à la suite ce qu'ont redécouvert Habermas ou Rawls dans la défense des capacités des plus démunis.

Ici s'entend le mot du Christ, « Celui qui est le plus petit d'entre vous tous, voilà le plus grand » (Luc 9, 48). Cette crise épidémique met au jour qu'aucune société humaine ne saurait être sans la présence de celles et ceux que nous avons redécouverts en parlant des « métiers invisibles », si nécessaires à notre vie commune et pourtant si peu valorisés, avec souvent des femmes en première ligne. Entendre la provocation radicale de Paul : « Dieu a choisi les choses faibles du monde pour confondre les fortes » (première épître aux Corinthiens 1, 27). L'épiphanie de Noël est celle d'un Dieu qui vient petit dans le monde[8].

Si l'autonomie ou la puissance sont autant de libérations de jougs ancestraux, il s'agit peut-être aussi d'en percevoir les limites. Si face à toute souffrance il s'agit en premier d'une lutte sans merci avec l'espérance de vivre ou de vivre mieux, le métier de médecin prend tout son sens quand la médecine n'a plus de capacité technique d'efficacité. Les plus grands cliniciens savent qu'il s'agit d'apprendre la nécessaire humilité de la médecine tout autant que sa puissance. Il faut aussi apprendre le « lâcher-prise », le refus de l'obstination déraisonnable. Didier Sicard a souligné dans plusieurs interventions combien la médecine de soins est confrontée à ses limites lorsqu'il s'agit de maintenir artificiellement les fonctions vitales en espérant que la nature de la réponse immune permette de guérir, et qu'alors cette « médecine de soins angoissée supplie que des mesures de santé publique soient adoptées ». La crise du Covid-19 nous a fait découvrir de manière très opérationnelle l'absolue nécessité pour notre pays de se doter enfin d'une politique de santé publique digne de nous. En ne bornant pas la santé à la seule médecine, en sachant mobiliser l'ensemble des politiques publiques. La médecine met au jour sa vérité lorsqu'elle se fait rencontre de deux vulnérabilités, et non dans la volonté de puissance ; vulnérabilité de la personne malade bien sûr, et vulnérabilité du soignant tout autant, parce qu'il est « au service » – article 2 de la déontologie –, et parce que c'est en se reconnaissant vulnérable que le moi devient humain. La médecine naît dans la rencontre réussie entre deux compétences : celle de la compréhension des signes cliniques et de la connaissance des thérapeutiques – c'est le devoir premier du médecin et du soignant –, celle en premier de qui éprouve l'enfermement dans sa maladie parce qu'il est le seul à le vivre. Ce qui conduit à revendiquer que chaque personne, qu'elle soit autonome ou qu'elle connaisse une altération de ses capacités, puisse avoir accès de la même manière aux réponses adaptées à sa singularité ; et cela aussi bien au regard de ses difficultés de santé ou d'insertion dans la vie sociale et économique que d'une autonomie altérée.

Si la vulnérabilité tend de fait à fragiliser toutes certitudes décisionnelles, le questionnement éthique conduit pour autant à tenir vraie plus encore la nécessité absolue de considérer à titre premier la place de sujet de la personne vulnérable, sa citoyenneté, sa « majorité ». Aucune personne ne peut être considérée comme un objet passif de soins. Un tel engagement dans l'écoute de la personne est en réalité très exigeant. La parole est à entendre non pas seulement dans le plein des mots mais aussi dans leur délié, dans la pudeur des gestes ou les hésitations de la parole, dans le respect des rythmes de vie. Il s'agit en quelque sorte d'écouter comme on lit parfois entre les lignes. Il s'agit d'être comme un explorateur des confins.

Peut-être est-ce dans la déambulation sans bon sens ou dans le regard vers un ailleurs que se trouve aussi, parfois, ténue mais si réelle, une part de vérité intime ? Ou dans l'expression artistique qui dévoile ce que les mots ne révèlent plus ? Ou dans un cri, une main qui se serre, une larme qui coule ? C'est pour cela qu'il faut accepter de se défaire du primat de la rentabilité, de questionner nos modes de tarification et nos contraintes réglementaires. C'est oser prendre du temps pour aller au bout de l'accompagnement. Le bon Samaritain prend le temps de panser les plaies de l'homme blessé, d'y verser les onguents qu'il a sous la main, de l'huile et du vin, puis de le charger sur sa monture et de prendre soin de lui une fois rendu à l'hôtellerie la plus proche.

Beaucoup tiendra à notre envie partagée d'être suffisamment « subversifs ». Il n'est pas d'autre voie que de penser et d'agir autrement, ce que Paul Ricœur nommait des « brèches subversives[9] ». Ce peut être ici l'audace de questionner le refus de mettre en danger les personnes malades ou dont l'autonomie est altérée par la reconnaissance en premier de leur autonomie. Cela renvoie à la difficile – mais pourtant vitale – conciliation entre l'exercice de l'autonomie et le principe de précaution, sachant qu'il n'est pas de vie sans prise de risque. Nous éprouvons toujours le poids des exigences prophylactiques au regard de l'absolue nécessité de la vitalité des relations sociales. Nous avons hélas mesuré au début de l'épidémie les drames d'humanité avec l'impossible accompagnement des personnes agonisantes et l'incomplétude des rites funéraires. Ne jamais oublier que « la solitude de la mort ne fait pas disparaître autrui mais [...] rend encore possible un appel à autrui, à son amitié et à sa médication[10] ».

In-quiétude éthique

C'est pourquoi l'in-quiétude éthique – l'impossible quiétude du pouvoir, du savoir, du vouloir – est fondatrice de la médecine. C'est par exemple comprendre que la question première est celle du discernement pour un soin et un prendre-soin appropriés. C'est par exemple considérer les déterminants sociaux de la santé comme l'une des grandes priorités pour la recherche, tant il est vrai que la grande leçon de toutes les épidémies est qu'elles affectent d'abord et de très loin les plus pauvres. C'est par exemple comprendre que la rencontre à deux est toujours interpellée par un tiers qui s'introduit symboliquement dans le colloque singulier. Il y a toujours une autre personne malade qui appelle. Imaginons dans cette parabole deux demi-morts et une bourse qui n'autorise que le secours d'un seul. Lequel passe avant l'autre ? Question radicale posée en pratique.

La réflexion éthique conduit à reconnaître que la charité est impossible sans la justice, et que la justice se déforme sans la charité[11]. À n'être jamais quitte de chaque intérêt particulier, et à entendre l'interpellation de l'intérêt général. Cela signifie la recherche des meilleurs soins possibles pour tous et non pas de l'excellence pour seulement quelques-uns. Des stratégies de priorisation pour allouer les ressources disponibles aux patients qui auraient le plus de chances d'être sauvés ne sont applicables qu'après qu'on a épuisé toutes les stratégies organisationnelles et toutes les alternatives thérapeutiques. Chacun devra être convaincu que les choix parfois douloureux qui seront faits l'auront été au terme de processus incontestables, après qu'on aura communiqué auprès des personnes intéressées, en pleine responsabilité des acteurs garants des valeurs du soin[12].

Le soin et le prendre-soin sont un seul et même soin

Le texte évangélique reprenant les paroles du Christ s'écrit avec deux verbes, « panser » et « prendre soin ». Le soin, le prendre-soin. Ardente obligation que celle de comprendre que le soin et le prendre-soin sont un seul et même soin ! La littérature médicale souligne par exemple qu'il n'y a pas de sens à diviser le soin en curatif *versus* palliatif. Une telle séparation n'a pas de pertinence, ni médicale ni humaine. La visée principale des traitements au début d'une maladie grave est curative, mais elle comporte aussi d'emblée une nécessité d'accompagnement. Au fil de l'évolution de la maladie, la préoccupation principale des traitements peut devenir palliative, sans nécessairement abandonner tout engagement curatif. En fin de vie, l'attention portée aux miettes sur le drap, au contact de l'alèze, à l'angoisse et à la peur compte tout autant que le maniement des thérapeutiques médicamenteuses, l'aspiration des sécrétions, l'oxygénation et l'amélioration des conditions respiratoires, les soins cutanés et de bouche, la lutte contre les nausées et la transpiration excessive, l'hydratation et la nutrition artificielles comme le titrage d'une sédation profonde et continue. En son engagement, le bon Samaritain n'est pas seul. Le lendemain il met en mouvement l'aubergiste en lui demandant de prendre soin de l'homme blessé. Il s'agit du même prendre-soin, les traductions ne s'y trompent pas. Ils sont désormais deux à s'engager.

Depuis quelques années nous savons par la littérature médicale que mieux soigner et mieux prendre soin sont directement liés à la capacité de chacune des compétences à intervenir en coordination avec les autres et au bon moment. Les médecins et les soignants font de plus en plus l'expérience de leur dépendance de la qualité des actes les uns des autres, en amont et en aval de leur intervention. Cette épidémie met au jour une fois encore l'indispensable apport du discernement collégial, à l'écoute des personnes malades et réunissant réanimateurs, gériatres, cliniciens, professionnels de l'accompagnement et proches, pour le recours aux soins critiques, pour le déploiement de soins de support et palliatifs appropriés, en présence des proches.

Avec le Covid-19 nous avons hélas mesuré la frontière que nous savons trop étanche entre le secteur sanitaire et le secteur médico-social et social. Nombreux sont les établissements médico-sociaux qui ont été bien trop coupés du monde hospitalier. Certes souvent sans injonction formelle, mais dont l'implicite fut suffisamment fort pour que des drames qui auraient pu être évités soient survenus. Cette épidémie est également un révélateur puissant de l'apport d'une collaboration intelligente entre médecins, soignants, pharmaciens et biologistes.

La littérature montre également que le renforcement de la sécurité des soins passe principalement par une meilleure communication entre les professionnels. Elle conduit enfin à comprendre qu'une organisation plus collaborative conduit à moins d'examens inappropriés et moins de dépenses inutiles, avec un impact financier très supérieur aux économies attendues de la gestion du panier de soins. Les moyens supplémentaires auxquels nous aspirons tous se trouvent là.

Dans la parabole, partant le lendemain matin, le bon Samaritain s'engage quand il reviendra à rembourser l'aubergiste des frais supplémentaires engagés pour prendre soin de l'homme blessé, et ce quel que soit le montant de ces frais. Il n'en a donc pas fini au moment où il part. La personne criant sa souffrance signifie un appel à une responsabilité incessible. Cela veut dire un jamais-quitte. La présence auprès du malade signifie : « Me voici, répondant de toi et de ta souffrance. » Nous sommes au-delà des seules règles déontologiques ou des recommandations de bonne pratique. La responsabilité suppose un jamais-quitte d'une décision, d'une action.

L'impossible du possible

Il n'est pas non plus inintéressant de porter attention au verbe utilisé au début de la parabole du bon Samaritain : l'homme « tombe sur des bandits ». Un accident de la vie, imprévisible. Et de noter également que le prêtre, le lévite, le bon Samaritain passent là « par hasard ». Circonstance totalement imprévue donc.

L'épidémie de Covid-19 n'est pas avare en termes d'imprédictibilité ! Le bon Samaritain se laisse surprendre au point de changer son programme et de retarder sa route. Accueil, ouverture à ce qui vient, à celui qui vient. Accepter l'imprévu d'une rencontre, la sur-prise de la vie, l'impossible maîtrise des événements et des personnes, en quelque sorte l'impossible du possible.

La maladie, la perte d'autonomie, la fin de vie mettent à nu le « là » du corps. La souffrance envahit totalement. Nous voici comme enfermés dans l'immanence, nous voici ressentant toute la cruauté d'une existence sans échappatoire possible. Alors même que la maladie enseigne que la raison d'être n'est pas un vain mot parce qu'elle inspire un légitime acharnement à vivre, dans le même temps elle s'éprouve comme sentiment, souvent obsessionnel, d'un enfermement dans l'être et désir inextinguible de s'en libérer.

L'intuition philosophique peut alors aider aussi à aller jusqu'à envisager que si la souffrance et la mort m'enferment absolument dans l'être-là de mon corps, elles sont en même temps une subversion radicale, remettant en cause tout ordre établi, tout pouvoir, toute volonté de puissance, toute injonction moralisatrice. L'intuition lévinassienne dira que cette résistance est à lire comme rupture d'une immanence se suffisant à elle-même, et de ce fait comme événement de transcendance.

Emmanuel Levinas souligne que la mort rend « impossible toute assomption de possibilité[13] », qu'elle est « l'impossibilité de toute possibilité[14] », ou encore que « la possibilité implique un pouvoir humain alors que le mourir est inassumable : il est plutôt une “impossibilité de la possibilité”[15] ». L'impossible du possible ! Provocation à penser qui peut conduire à entrevoir qu'un corps démuni de ses possibles, une parole privée de ses mots ou une « bibliothèque » qui se ferme peuvent peut-être également donner le signal d'un au-delà le seul possible.

Je reprends là les mots d'un de mes très proches quelques jours avant sa mort : « L'amour est au-delà du seul possible. » Je cherche avec lui à lire dans la maladie, la fragilité, la perte d'autonomie, la mort, un appel radical à comprendre que la vie humaine ne saurait se limiter à ce qui est performant, à ce qui se maîtrise, à ce qui est possible.

« Si Dieu cesse de m'aider, ce sera à moi d'aider Dieu »

Là aussi se cherche l'espérance, avec l'audace de se demander si ce battement de l'Autre dans le Même qu'est cet impossible du possible peut introduire dans un sens qui ne se réduit pas au néant, parce qu'ouvrant à un autrement qu'être – et non pas un être autrement. Penser non pas la maîtrise d'un futur se décrivant dans sa référence à l'immanence d'un présent où il aurait *à-venir*, mais l'altérité d'un futur manifesté et reçu comme transcendance, comme *à-Dieu* en quelque sorte, pour reprendre la terminologie lévinassienne.

C'est sans doute ici, à ce point ultime, qu'il est bon de citer ce mot de Bruno Chenu : « Je pense à toute la théologie du Dieu souffrant remise à l'honneur par Jürgen Moltmann, mais qui rejoint aussi bien des écrits des Pères de l'Église que la réflexion sur le mal dans l'histoire. Comment ne pas évoquer ici Etty Hillesum ? Le grand texte où elle explicite sa volonté "d'aider Dieu" se trouve au 11 juillet 1942 de son journal : "Si Dieu cesse de m'aider, ce sera à moi d'aider Dieu [...] Prière du dimanche matin [...] Je vais T'aider, mon Dieu, à ne pas T'éteindre en moi, mais je ne puis rien garantir d'avance. Une chose cependant m'apparaît de plus en plus claire : ce n'est pas Toi qui peux nous aider, mais nous qui pouvons T'aider – et ce faisant nous nous aidons nous-mêmes."[16] » Et penser avec Ricoeur que « c'est un rêve de tyrannie de penser que Dieu pourrait intervenir dans l'histoire. Dieu n'a pas d'autre puissance que celle d'aimer et de nous adresser, lorsque nous sommes dans la souffrance, une parole de secours. Notre difficulté, c'est de pouvoir l'entendre[17] ».

« Va, et agis de cette façon. » Aimer, soigner et accompagner. Oui, théophanie pour le chrétien, reconnaissant le Christ en chaque personne humaine, en chaque personne blessée, abandonnée, exclue[18].

NOTES

1. E. Wiesel lors d'une émission de télévision en 1983, cité par Chenu 2007. Ce livre de B. Chenu a été écrit dans la proximité de la mort, dans l'épreuve de la maladie, ce qui lui donne une force très particulière, comme le souligne Maurice Bellet dans sa préface.

2. Levinas 1999.

3. Commission de réflexion sur la fin de vie en France, « *Penser solidairement la fin de vie*, 2012, http://www.ladocumentationfrancaise.fr/rapports-publics/124000675.

4. *Fratelli Tutti. Lettre encyclique du saint-père François sur la fraternité et l'amitié sociale*, 3 octobre 2020, § 74.

5. *Fratelli Tutti*, *op.cit.*, § 82.

6. *Ibid.*, § 86.

7. Levinas 1990.

8. Cf. l'homélie du pape François, messe du 24 décembre 2021.

9. Ricœur 2017.

10. Levinas, 1961.

11. Levinas 1983.

12. Agence régionale de santé d'Île-de-France, groupe de travail « Éthique » sous l'égide de M. Le Dorze, S. Beloucif, B. Guidet, D. Pateron, B. Vivien, E. Azoulay, Riou, Vieillard-Baron et Samama, « Instaurer ou poursuivre une prise en charge en soins critiques en contexte de pandémie à SARS-CoV-2 ».

13. Levinas 1979.

14. Levinas 1961.

15. Levinas 1982.

16. Chenu 2004.

17. P. Ricœur, cité *ibid.*

18. *Fratelli Tutti*, *op.cit.*, § 85.

Prendre conscience de ses limites

*Michel Davy de Virville**

Pour la première fois la science et nos organisations nous ont rendus capables de réagir en temps réel à une pandémie. Nous avons du coup été obligés de mesurer notre manque de maîtrise collective, économique, politique et finalement spirituelle. Aveuglés que nous étions par un fantasme de toute-puissance, peut-être sommes-nous en train de retrouver une appréciation réaliste de nos marges de manœuvre, de nos limites physiques, de la fragilité et du caractère précieux de la vie et de la précarité des équilibres sociaux dans de telles situations.

Cette prise de conscience n'est-elle pas une occasion, violente et souvent cruelle certes, mais une occasion de toucher du doigt certains égarements d'un système dans lequel nous nous sommes progressivement installés parce qu'il nous fournissait une amélioration sans précédent de nos conditions de vie, mais dont il est plus que temps de mesurer qu'il fait aussi un usage irrespectueux de la science et de la raison ? Cela

---

* Directeur honoraire du Collège des Bernardins.

rejoint le diagnostic de *Laudato Si*, la lettre encyclique du pape François de 2015 « sur la sauvegarde de la maison commune » à propos de la crise écologique ; lui aussi souligne l'absence de contrôle collectif de nos activités. Le fil d'Ariane, ce sont nos réflexes souvent instinctifs face à l'épreuve du confinement d'abord, puis des restrictions qui ont pris sa suite : qu'avons-nous considéré comme essentiel ? Comment nous sommes-nous protégés ? Avons-nous adapté notre vivre-ensemble ? Enfin, avons-nous vraiment fait usage de la science ?

L'essentiel

Comment avons-nous défini l'essentiel ? Notre réaction réflexe a été de protéger des activités indispensables à notre conception de notre survie, promptement désignées comme « activités essentielles ». Ce premier niveau a été l'occasion de plusieurs prises de conscience. Tout d'abord nous nous sommes rendu compte que les personnes qui assurent les ressources indispensables à notre survie ne bénéficient pas de la reconnaissance qui devrait être la leur du point de vue des conditions de travail et des rémunérations. Les ajustements improvisés de leurs statuts en portent témoignage. On ne peut oublier qu'ils ont été, du fait de leur activité, les premiers exposés au risque. La majeure partie de ce qui constituait l'« activité normale » de nos sociétés auparavant et qui l'est maintenant à nouveau est consacrée à la production de biens et de services que l'urgence nous a conduits à ne pas considérer comme essentiels. Pas essentiels ou bien plutôt superflus ? Ces biens et services dont la production et la consommation seraient bien moindres si elles n'étaient puissamment entretenues par la publicité. Une publicité qui est indispensable pour ce qui n'est pas essentiel et qui est bien sûr inutile pour ce que nous savons bien être indispensable. Mais serions-nous collectivement capables de nous mettre d'accord sur ce qui est essentiel sans réduire cet essentiel à notre survie à court terme ? Sommes-nous véritablement organisés pour éviter les situations d'isolement ? Les nouvelles technologies, et en particulier le numérique, ont-elles été utilisées pour assurer la survie de nos ressources culturelles et spirituelles ? Le constat n'est pas globalement négatif, que l'on songe ici à notre système de santé et à la générosité, à l'abnégation dont il a fait preuve ou que l'on songe à de multiples initiatives locales inventives et créatrices de lien qui nous ont aidés à tenir. Mais que de tâtonnements voire d'échecs dans l'indispensable solidarité (les Ehpad, les obsèques...), dans le respect de la culture et de notre humanité. N'est-il pas essentiel de co-construire plus pratiquement ce que nous considérons comme indispensable ? Comment réévaluer notre « trésor » pour y investir notre cœur et lui donner vraiment la priorité ? Enfin, comment passer sous silence que notre minimum vital est inaccessible à plus de la moitié de l'humanité ? Est-il plausible de parvenir à imaginer pour l'avenir un « progrès » durable et solidaire pour notre monde globalisé sans reconsidérer au fond une telle situation ?

Face à l'interdépendance dans le risque provoquée par la pandémie, nous avons réagi, de façon réflexe, en privilégiant le chacun pour soi : fermeture des frontières, dont la diffusion de la pandémie a montré les limites, incohérence de la diversité des stratégies nationales voire régionales, impact majeur du confinement sur les plus faibles et les plus isolés, sur les jeunes aussi et donc sur l'avenir. La globalisation, que l'on savait pilotée trop exclusivement par le profit, a montré son double visage, celui de son efficacité productive, mais aussi de ses limites parce qu'elle ne produit pas la solidarité qui lui est pourtant indispensable. Avec la globalisation, le marché l'avait emporté sur la démocratie. Les nations, mobilisées par l'urgence, semblent s'être libérées du carcan de la dette (est-ce de façon raisonnable ?), peuvent-elles se servir de ce pouvoir retrouvé pour restaurer l'équilibre de l'héritage des Lumières – marché mais aussi démocratie, construction rendue possible par le socle des religions du Livre ? L'Europe est-elle en train de se réveiller ? L'humanité a vocation à être solidaire et le chacun pour soi est un danger majeur. Allons-nous être capables de restaurer cette nécessaire Fraternité ?

Nous avons, malgré nous, repris conscience de notre condition mortelle ; allons-nous l'« oublier » à nouveau ou bien saisir cette possibilité de faire de l'égale dignité une valeur d'humanité, une racine de notre vivre-ensemble ? La condition de possibilité de notre fantasme de toute-puissance, c'était la tentation, en apparence partiellement réussie, d'écarter de notre vue individuelle et collective notre mortalité.

Évidemment la pandémie a largement ébranlé cette illusion. Mais faut-il parler au passé ? Évidemment le lieu le plus sensible pour chacun de cette illusion de toute-puissance, c'est celui de la finitude de notre vie : nous sommes mortels. Respecter et donc admettre avec réalisme le risque vital d'autrui est au cœur de ce qui est constitutif de notre humanité. Cette discipline doit nous armer pour investir dans l'autonomie et la responsabilité indispensables pour irriguer la sécheresse de notre monde surinvesti dans la bureaucratie. Nous avons retrouvé la force du libre engagement au cœur de l'efficacité hospitalière ; allons-nous être capables de mobiliser cette force de la confiance plus largement dans le management des hommes et des organisations ? Nous sommes mis à l'épreuve individuellement et collectivement ; quel armement spirituel, quelle pratique collective pour un monde plus autonome et responsable ? Nous avons appliqué ce que nous connaissons : notre investissement trop exclusif dans les institutions, les procédures et dans la discipline. Mais simultanément l'expérience de l'urgence nous a placés devant l'évidence de l'efficacité qui résulte du libre engagement de tous (« nous n'avons réussi que parce que nous avons oublié les règles »…). Allons-nous saisir cette occasion d'articuler processus et confiance dans la responsabilité et l'autonomie ? Nous avons pu constater de façon répétée que c'est un art subtil qui échappe autant à ceux qui sont obsédés par la liberté qu'à ceux qui le sont par la discipline. Pourrions-nous nous montrer capables d'investir à la fois dans la confiance relationnelle et la confiance institutionnelle, articulant discipline et liberté ? L'épidémie est virale ;

notre fonctionnement social et médiatique l'est de plus en plus, comme le montre notre impuissance à maîtriser l'impératif vaccinal, en alliant intérêt individuel et intérêt collectif. Avons-nous saisi cette occasion de mesurer la pathologie commune inhérente à cette viralité qui débouche sur le risque, l'éclatement de l'espace public et la violence ? Avons-nous l'opportunité de transformer la façon dont nous structurons de libres relations, apprenant à rester nous-mêmes sans refuser d'entrer dans la vision du monde des autres ? L'expérience de la solitude a été bien différente pour ceux qui y ont retrouvé avec goût une pratique de l'intériorité et ceux qui ont dû la porter passivement et la vivre comme une souffrance massive et durable. Dans les pays laïques, les religions ont choisi de se soumettre aux règles communes, même là où ces règles les contraignaient au-delà du raisonnable. Quel écart avec la situation dans les pays où les religions ont tenté d'imposer leur point de vue, avec ceux où la pratique du populisme ou de la dictature interdit la pratique de la laïcité. Les comparaisons entre les pays et leurs différentes façons de gérer la pandémie restent très instructives, non pas pour construire le portrait-robot d'une culture performante, mais pour approfondir une compréhension plus fine et plus réaliste ; il y a là une nouvelle occasion de mieux discerner les valeurs et ressources qui nous sont propres, au premier rang desquelles notre démocratie.

La pandémie nous fera encore souffrir, mais elle s'achèvera. En revanche la crise environnementale et internationale que nous sentons monter ne nous laissera pas de répit. Sommes-nous capables, pour faire face, de retenir les leçons de cette épreuve pour réinventer notre maîtrise spirituelle, politique, sociale et économique ?

Consentir à la finitude, en responsabilité et en confiance

*François Clavairoly**

Le message des religions

En pleine pandémie mortelle, entre Pâques et Ramadan, il aura été légitime de se demander ce qu'avaient à dire les religions juive, chrétienne et musulmane. Il est même salutaire de se demander si elles ont une légitimité à exprimer quelque chose qui fasse sens. Un sens plus utile pour le commun des mortels que le soin et la consécration admirables des personnels soignants. Un discours plus pertinent que celui des politiques qui doivent déjà prévoir ce qui va arriver demain. Un rite plus pertinent que la belle liturgie des acclamations de vingt heures un peu partout en Europe.

Et si elles se taisaient enfin, les religions ? pensent peut-être quelques-uns, plus nombreux qu'on ne l'imagine. Si enfin l'épreuve du Covid-19 était la preuve de leur vacuité ? Voilà pourtant que leur silence est un message. Voilà pourquoi une place Saint-Pierre si calme et des églises si peu fréquentées ressortissent elles aussi à

---

* Pasteur et président de la Fédération protestante de France.

la religion par leur quasi-silence. C'est qu'il s'agit d'un silence passager, un silence messager. Passager à l'image du Samedi saint, passage entre mort et vie, messager à l'image du Ramadan qui malgré la nuit promet une fête.

Devant les souffrances et les deuils, le silence est parfois de mise. Il arrive qu'il soit effectivement le seul lieu symbolique dans lequel chacun puisse enfin se plonger pour s'écouter soi-même, se retrouver et s'accepter, dans une solitude tout humaine et dans les abysses d'une spiritualité la plus intime éprouvée et comme mise à nu par l'épreuve. Au lieu du bavardage qui rassure et couvre ce silence d'introspection pourtant risqué, au lieu des commentaires sans fin qui réassurent, au lieu des analyses et des péroraisons sociologiques, philosophiques, psychologiques et même économiques les plus fines détaillant, révélant les significations et les conséquences, les sens « cachés » ou « profonds », il y a aussi, comme l'écrit le sage Ecclésiaste (Qohelet 3, 7), « un temps pour se taire ». Y compris pour les religions.

Certes, l'occasion était belle de réparer la panne de la machine religieuse due au confinement, par toute une série d'inventions et d'initiatives cultuelles et prédicatives, et par l'optimisation de la technique au service de la liturgie. Les réseaux, heureusement, ont permis de faire lien. Et les rassemblements hebdomadaires qui n'ont pu se tenir dans les mosquées, les synagogues et les églises ont malgré tout tenu leur promesse grâce à Internet (YouTube, WhatsApp, Facebook, Twitter, Zoom, etc.). Le thème bien connu en protestantisme depuis cinq siècles de la « communion spirituelle » a retrouvé sens en christianisme y compris pour les plus « réalistes ».

Les religions ont fait ce qu'elles avaient à faire, « relier » les êtres entre eux et « relire » les textes anciens, les textes fondateurs, les relire et les interpréter à jour nouveau.

Certains, dont je suis, se sont réjouis de cette créativité révélant que personne n'était alors ni en retard ni en avance, mais que tous étaient invités à l'imagination et convoqués à la joie de la rencontre virtuelle, juifs, musulmans, bouddhistes ou chrétiens. Le virtuel ne s'opposait pas au réel, ici, chacun en convenait, mais seulement au physique de rencontres provisoirement empêchées qu'il remplaçait avec un « réel » succès. D'autres se sont empressés de s'interroger sur ce regain d'activité religieuse relayée par des supports numériques. Ils ont soupçonné dans ce foisonnement et ce qu'ils jugeaient dès lors comme un activisme la peur du vide et la réponse auto-justifiante à la nécessité de faire fonctionner le religieux. Fallait-il maintenir, même de façon technique et artificielle, la visibilité d'un *deus ex machina* requérant des liturgies et des scénographies en toute circonstance, fût-ce au prix d'un déni consistant à contourner les vraies questions des fidèles – où est Dieu ? Pourquoi avons-nous peur de la mort ? – à force de louanges enregistrées, couvrant la détresse et humiliant les larmes intérieures de ceux qui perdaient un proche, précisément sans pouvoir s'en approcher ?

Mais il y a plus encore. Le silence est aussi de mise, pour ne pas dire leur confinement au moins provisoire, pour quelques théologies approximatives qui ne pourront plus se déployer avec autant d'aplomb « après » exactement comme « avant ». Celles qui, dans une sorte de donnant-donnant, proposent au fidèle face au mal et à la peur de la mort des remises de peine, des bénédictions ou même la promesse d'un guérir. Des indulgences, moyennant l'accomplissement de rites, afin d'échapper à quelque verdict imaginaire encouru dans l'au-delà. Des bénédictions et la prospérité, moyennant quelque offrande, afin d'acquérir des richesses et la possibilité de se prémunir ici-bas contre les malheurs du monde. Des guérisons enfin, moyennant une confiance aveugle et des chants de louange, comme si la puissance de l'Évangile n'était plus que celle d'un message à mettre en œuvre à la façon d'une prescription médicale ou à étudier avec gourmandise comme un *Vidal*.

Combattre

Il existe un texte dans la Bible qui raconte ce combat contre le mal et c'est celui de la nuit de l'ange, la nuit de la lutte de l'ange avec Jacob (Genèse 32, 23-33) dont une peinture illustre rapporte intensément le sens en l'église Saint-Sulpice. Jacob est agressé par une force mystérieuse. Il est en lutte avec cette force et se trouve finalement blessé, même s'il l'emporte. Jacob est notre humanité blessée mais victorieuse. Jacob s'appellera dès lors Israël car il se sera affronté à la vie à la mort à la question de Dieu.

Nous sommes agressés dans la nuit de cette épidémie, nous sommes tous et toutes meurtris et blessés, confrontés aussi aux questions essentielles. Mais, comme Jacob, nous ne verrons pas l'aurore sans être bénis, toutes et tous. Les deuils et les souffrances, les noms des morts et non pas seulement leur nombre, les engagements sans faille de tous ces acteurs au combat ne pourront pas être oubliés. Ils seront bénis, tout aussi mystérieusement que le mal aura failli nous vaincre.

Ici se glisse le silence : celui de la reconnaissance. Celui de la reconnaissance de notre infinie petitesse devant l'énormité du mal et l'horreur de la mort.

La religion est alors non pas seulement ce qui fait humblement « lien », ni ce qui autorise chacun à « lire et à relire » en silence les textes fondateurs, mais aussi et peut-être surtout ce qui fait prendre conscience, dans le « scrupule et le respect silencieux », de cette distance, de cet écart entre soi et ce que nous ne connaissons pas, de cette précarité, de cette finitude. Il n'y a rien de plus spirituel que de consentir à la finitude, que « d'accepter d'avoir peur et donc de pouvoir commencer à être courageux et non pas téméraire ou crédule ». D'avoir conscience de cette précarité, autrement dit, comme l'évoque ce mot, de cette aptitude à dépendre d'un autre, d'un Autre, et de le « prier ».

Protester

Le silence des religions et non leur tintamarre est la louange reconnaissante des précaires, à l'image du silence du mendiant ou du mineur isolé ou du sans-papiers qui tendent la main mais dont on entend à peine la demande ou même le merci. Rien d'autre que cela. Juste cela. Elle est un souffle exprimant un remerciement aux hommes pour leur capacité à lutter, et à Dieu pour sa bénédiction, y compris dans les plus grands malheurs. Elle est reconnaissance murmurée mais imprenable, car elle confesse que Dieu proteste contre la mort depuis tous les commencements. C'est ainsi, croyant ou incroyant, que l'homme est fait : d'os, de chair et aussi de transcendance, pour protester contre la mort.

Construire une société de responsabilité et de confiance

Déployer le message chrétien comme une ressource d'intelligence

La crise que nous traversons peut s'analyser selon différents critères et être passée au crible de plusieurs disciplines. Un nombre considérable de réflexions et de points de vue ont été publiés dans des ouvrages, des revues et dans la presse. Un regard scientifique et médical tout d'abord, puis politique, économique, sociologique et anthropologique a été porté sur ce qui est vécu par la population en France et dans le monde. Mais la situation est telle qu'elle ne permet pas encore de prendre suffisamment de recul pour tirer de ces nombreux enseignements ceux qui feront date, ceux que nous retiendrons, ceux qui seront pertinents et utiles.

Pour ce qui est d'un regard informé par l'Évangile, deux éléments peuvent servir de balise, de jalon provisoire sur un chemin qui n'est pas entièrement parcouru à ce jour puisque la pandémie n'a pas encore dit son dernier mot ; ces deux éléments sont la responsabilité et la confiance : la responsabilité qui est cette capacité à répondre de la situation, de ses propos et de ses actes, personnellement et collectivement, et la confiance qui renvoie non à une naïveté ou à un déni de réalité mais à une pratique fondée sur une promesse.

La responsabilité est celle du politique, certes, mais aussi celle de chaque être humain, et la confiance est l'acceptation que l'histoire qui s'écrit n'est pas celle d'un malheur. Ce renvoi aux deux termes de responsabilité et de confiance peut se résumer dans cette fable. Un pasteur (ou un rabbin, je ne sais plus) demandait à un autre pasteur : « Comment vas-tu ? » Ce dernier répondit : « En un mot, bien ! – Et en deux mots ? lui demanda l'autre – Pas bien ! » répondit-il.

Tel est le sujet : celui de la complexité de la réponse. Entre ceux qui consentent au mal et veulent traverser la nuit de l'épreuve avec la sagesse et le cœur vaillant, mais seuls (« En un mot, bien ! »), et ceux qui consentent lucidement à leur finitude et acceptent de se risquer à un appel à l'aide, fût-ce en deux mots (« Pas bien ! »), le paysage humain est posé dans toute sa vérité, tel un champ de beauté, de joie, de bonheur et d'héroïsme mêlés de peur, de plainte, de pleurs et de larmes intérieures. (Le confinement, à cet égard, a pu signifier dans le quotidien d'un grand nombre de personnes ce qu'était justement cette « finitude ».)

La crise provoquée par cette pandémie ravive la prégnance de cette réalité qu'est la responsabilité humaine, personnelle et collective, dont la Réforme a relevé au XVIe siècle l'enracinement christique. Il s'agit chaque jour en effet d'oser répondre sans crainte de ses choix, même dans le danger. Car la mort qui rôde n'est plus le lieu d'un désespoir ni l'expression d'un jugement divin, puisque Dieu a déjà tout pardonné en Christ, mais le lieu d'un témoignage courageux.

Luther tout d'abord et Calvin une génération après rappellent à notre conscience d'aujourd'hui cette *certitudo fidei*, y compris précisément en temps de peste, donc, et Dieu sait si ce fléau a concerné le monde entier. Aucune interprétation liée à la culpabilité ne fait sens ici ni aucune justification de la souffrance des hommes ne saurait se fonder sur le message chrétien : l'essentiel est bien la responsabilité, la capacité de dire que le projet de vie de la cité est celui qui prime, de sorte que tous soient sauvés – ici, même au sens sanitaire du mot. Citer le réformateur de Wittemberg me laisse l'opportunité de dire que le sujet qui nous préoccupe n'est pas nouveau et met en œuvre les mêmes ressorts théologiques que ceux d'aujourd'hui, et que l'humilité de jadis et la conscience de la finitude devraient aussi inspirer les esprits de notre temps. Voici ce qu'il écrivait il y a cinq siècles : « Je demanderai à Dieu par miséricorde de nous protéger. Ensuite, je vais enfumer, pour aider à purifier l'air, donner des médicaments et les prendre. J'éviterai les lieux, et les personnes, où ma présence n'est pas nécessaire pour ne pas être contaminé et aussi infliger et affecter les autres, pour ne pas causer leur mort par suite de ma négligence. Si Dieu veut me prendre, il me trouvera sûrement et j'aurai fait ce qu'il attendait de moi, sans être responsable ni de ma propre mort ni de la mort des autres. Si mon voisin a besoin de moi, je n'éviterai ni lieu ni personne, mais j'irai librement comme indiqué ci-dessus. Voyez, c'est une telle foi qui craint Dieu parce qu'elle n'est ni impétueuse ni téméraire et ne tente pas Dieu. »

Le réformateur n'est pas médecin, ici, ni un « sachant », mais au moins recommande-t-il de n'être pas téméraire, d'obéir aux injonctions des autorités et de jouer le jeu de la prudence dans le respect d'autrui. Être responsable n'est donc pas une posture individuelle ou égoïste mais justement fraternelle et solidaire. Quant à la confiance, il apparaît que la crise sanitaire met tout à l'épreuve : le discours et les pratiques des médecins, des responsables politiques, des médias, et même du voisin. Comme si le Covid-19 était virulent jusque dans les esprits et non seulement dans les corps, répandant une autre charge virale, celle du doute, de la colère, de la méfiance, de la peur et de l'anxiété, provoquant même la révolte, ce que je nomme le « séparatisme d'occasion », comme on le voit ou comme on l'entend dans les propos de certains responsables élus.

Cette virulence est aussi cause de la fatigue générale de populations excédées par tant de contraintes et tant de difficultés de tous ordres. Mais de fait, là n'est pas l'essentiel de cette crise de la confiance : elle touche au plus profond de soi, à la conscience de sa vie et de sa fragilité. La crise que nous traversons se caractérise aussi par sa dimension spirituelle. Elle renvoie à une dimension oubliée ou, à bien des égards, reléguée aux sujets secondaires des préoccupations de la vie quotidienne : celle de la profondeur, de l'épaisseur humaine, de la spiritualité. Le rapport au corps, à la mort, à soi et à autrui qui peut devenir danger, le rapport à l'altérité qui déjà inquiète, se redouble ici d'un soupçon de menace de mort. Les cérémonies religieuses, particulièrement vécues comme des lieux de joie et de vie, ont souffert de ce soupçon, y compris, notamment, lors des célébrations de funérailles où en présence de la mort et du deuil s'ajoutaient les pensées du risque de la contamination et celles d'un reproche impossible à exprimer.

Le message de l'Évangile peut être compris comme ressource d'intelligence : au moment où chacun se masque et se protège, il rappelle que malgré le masque et la distance, et peut-être justement avec le masque et la distance, il est par-dessus tout requis l'appel à une relation, à un lien, à un regard porté vers autrui qui ne soit pas de haine ou d'agression. Il est demandé une reconnaissance et le pari d'une confiance. La distance n'empêche pas le lien, et la frontière nécessaire peut être lieu de rencontre, l'écart peut être occasion de regards et de propos remplis d'échanges, l'espace entre les visages et les corps peut être territoire à habiter en vue de relations nouvelles : l'invention de nouvelles salutations, la lecture des regards et les gestes improvisés signent cette volonté de ne pas rompre.

Quand la respiration rendue parfois pénible oblige à penser à soi seulement et à son désagrément, à porter attention à son propre souffle, le message de l'Évangile appelle à ne pas manquer de souffle pour rencontrer l'autre différent, à le reconnaître et à vivre avec lui. Quel paradoxe que celui de se protéger, de garder ses distances, de ne pas se toucher, et en même temps d'être touché au cœur par la hauteur d'âme de ceux qui répondent toujours présents ! Les médecins, les personnels soignants, les pompiers, les policiers, les fonctionnaires, les enseignants, les caissières, les vigiles, les éboueurs, les livreurs, les commerçants qui acceptent le risque d'une présence, même s'ils avouent parfois qu'ils n'ont pas le choix.

Les Églises et les œuvres sont aussi présentes, responsables et solidaires dans la cité : les associations et les fondations chrétiennes, y compris protestantes, n'ont jamais fermé mais toujours accueilli, qu'il s'agisse de l'exclu, du sans-domicile fixe, du mineur isolé, du demandeur d'asile ou de quiconque a frappé à leur porte. La parole et le geste chrétiens ont été et restent au rendez-vous. Dans une société qu'on dit à l'envi déchristianisée, que signifie cette réalité ? Elle signifie que si dans la détresse où se délitent les solidarités naturelles, familiales et amicales, les chrétiens se vivent malgré tout comme citoyens responsables et confiants, ce qu'ils sont. Dans cette détresse où affleure la violence, parce que le lien se dénoue entre les personnes, il s'agit de ne pas se satisfaire de cet état de fait.

Certes, nous assistons au discrédit de la parole publique et au manque de crédit du politique en la matière. La pandémie révèle les manques cruels de solidarité publique et les difficultés sanitaires dans lesquelles se trouvent tant de personnes, notamment celles qui vivent à la rue. La crise, tel un moment de jugement comme l'indique l'étymologie de ce mot, passe au crible du jugement la société française. Les personnes vulnérables auront donc été exposées plus que d'autres, les personnes âgées, les pauvres, les étrangers, les détenus, les malades. Et les retards de ce pays auront été montrés en plein jour ! Ehpad, établissements pénitentiaires, foyers, etc.

Il n'y a pas d'autre prétention dans ce propos que de « dire », de désigner, d'adresser, comme le prophète jadis à la cour des rois de Juda. Il ne s'agit pas de briguer quelque pouvoir mais d'enjoindre le politique à reprendre en main le mandat qui est le sien : faire société, agir pour l'intérêt général, prioriser les urgences, voter les budgets qui conviennent, avec les critères de justice et de paix que le message reprend comme un refrain depuis des siècles.

L'un des nombreux enjeux de cette crise est donc de révéler pour notre pays les failles et les faillites qui sont les siennes. Non pour culpabiliser ou huer mais pour avancer, en responsabilité et en confiance. Pour finir, pourra-t-on parler en évoquant les conséquences de la pandémie de changement profond ou même de rupture anthropologique ou encore de remise en cause de nos systèmes de pensée et d'agir ? La recherche de solutions liées aux travaux des laboratoires pharmaceutiques, les polémiques relatives aux conflits d'intérêts et les difficultés des élus devant tant d'obstacles, non seulement au plan national mais aussi au plan européen et mondial, laissent penser que, plutôt que de rupture, il s'agit de continuité dans l'adaptation à une situation de crise, et de processus de négociations permanentes qui existent sur d'autres plans sur d'autres sujets… L'accélération de certains modes de communication, dans les façons de travailler, se vérifie alors à bien des niveaux. Mais ces mutations étaient déjà largement en cours. Elles changent effectivement la donne dans les sociétés qui peuvent se doter de tels outils et de tels processus.

L'exigence de fraternité mise à l'épreuve

La question plus fondamentale en termes anthropologiques ne serait-elle pas plutôt celle de la fraternité ? La pandémie a mis à mal les systèmes de santé, les économies, la crédibilité du politique, mais plus généralement elle a questionné les idéaux de fraternité, renvoyant chacun – individus, familles, associations, religions, pays – à ses intérêts immédiats, personnels, communautaires, stratégiques, sanitaires et nationaux. Elle a donc interrogé le modèle démocratique dans sa capacité à répondre vite et fort dans ses décisions face à des nécessités et des choix, sans bafouer l'attention à l'autre, au plus faible, au plus vulnérable.

La globalisation de la pandémie aura été à sa façon symptôme d'une mondialisation des compétitions et des risques de conflits : compétition des économies, des laboratoires de recherche, des systèmes de santé, etc., et au plan politique exacerbation des tensions entre pays contrebalancées sans doute insuffisamment par des instances ou des organismes régulateurs (OMS, Union européenne, Assemblée nationale, etc.).

La France peut-elle porter pour elle-même et pour d'autres dans un tel contexte son message de fraternité, une fraternité non pas assassine mais inlassablement réconciliée ? C'est en tout cas l'exigence que nous pouvons entendre et recevoir de cette épreuve qualifiante à grande échelle, qui met au cœur des préoccupations politiques du pays la valeur de fraternité qui conclut le triptyque de la devise républicaine.

Le temps d'apprendre à vivre

*Olivier Abel**

Nous avons sans doute tous déjà largement oublié la tonalité dans laquelle nous étions en mars 2020, et je voudrais commencer par la restituer, en citant une tribune que j'avais publiée dans l'hebdomadaire *Réforme* le 19 mars 2020, sous le titre « Coronavirus : réfléchir à ce qui nous arrive… ».

J'y commençais sur un ton dramatique : « Voilà, on aurait voulu que cela arrive autrement, de manière plus délibérée, plus politique, plus pensée, plus voulue, mais cela arrive à l'improviste : on arrête tout. On ne peut pas faire autrement, on arrête tout et on réfléchit. Et c'est bien triste qu'il ait fallu le coronavirus pour nous amener à réfléchir. Mais pouvons-nous encore penser ce qui nous arrive ? Il va nous être impossible d'embrasser ceux qui vont partir, impossible d'embrasser ceux qui restent, impossible d'être en présence dans l'amitié comme dans l'accompagnement anonyme et l'écoute du deuil. Comment maintenir l'humanité dans

* Philosophe et éthicien protestant, professeur de philosophie à l'Institut protestant de théologie.

ce contexte ? [...] Et si normalement la mort comme la naissance nous arrivent et nous prennent *un par un*, sommes-nous préparés à une mort par groupes, par grappes humaines, une mort en masse où, comme le disait Emerson, “quand les hommes meurent, nous ne les mentionnons pas” ? Sommes-nous dans le même temps préparés à une mort dans la solitude et une distance sanitaire telle que nous serons comme saisis, avec ceux qui sont par hasard avec nous, dans un huis clos où l’ennemi est en quelque sorte en nous-mêmes, en nous tous ? Et tout cela sans paniquer, sans rajouter du mal au mal ? » Vers la fin du texte, je tentais de donner des caps positifs à la crise dans laquelle nous entrions, car je craignais une relance qui fasse l’impasse sur les virages à prendre : « Dans ce désir de relance à tout prix, hélas, tout le reste va passer au second plan : les réorientations si urgentes de nos formes de production, d’échange et de consommation, la décarbonation énergétique, la réallocation des ressources et des taxations mondiales pour tenir compte des fragilités. On est d’autant plus consterné que l’on voit le gigantisme des moyens financiers soudain dégagés face à cette épidémie, et que ni l’urgence climatique ni l’épuisement des ressources n’avaient su mobiliser : comme si les dirigeants et les gouvernants ne croyaient pas ce qu’ils *savent* pourtant. Si cette épidémie, comme à chaque fois que l’humanité en a rencontré une, pouvait amener à une large reconversion de nos modes de vie et de penser, nous amener à redonner toute sa place à la recherche fondamentale sans la soumettre à des normes de rentabilité immédiate, à redonner toute sa place aussi, au niveau de la gouvernance mondiale, à la lutte contre l'évasion fiscale et le réchauffement climatique, au redéploiement de l'accueil des populations déplacées partout dans le monde, alors oui cela voudrait dire que nous lui aurions donné du sens. »

Le temps a passé depuis cette tribune, les confinements et déconfinements ont passé et repassé, et dix-huit mois plus tard je voudrais revenir sur une dizaine de points qui demeurent pour moi les plus importants.

Figures de l'épidémie

L'épidémie est une des figures des grands malheurs collectifs comme la guerre ou la famine, une des figures de ces cavaliers de l'Apocalypse dont nous sentons aujourd'hui la pression montante aux portes de notre histoire, figures trop souvent comprises comme des punitions divines – y compris sous des formes sécularisées et complètement athées ! Mais la panique face à l'épidémie ajoute au malheur, et de même que tout grand malheur appelle une grande réponse, toute grande réponse soulève de nouveaux gros problèmes, sachons-le… Il nous faut, par temps sombre, apprendre à ne pas surréagir, et trouver des chemins de sagesse. C'est pourquoi, plutôt que dans l'Apocalypse, on peut préférer aller chercher des références chez les tragiques grecs. Si on veut une référence biblique, dans le genre sapiential, on la prendra dans le livre de Job, qui accablé de malheur et de maladie continue à protester de son innocence, et donc à accuser l'injustice du malheur. Certes, selon le texte de Job, « Dieu » a tout donné et il peut tout reprendre, et cette découverte de la fragilité du bon est déjà une manière de nous le redonner autrement, avec son prix infini. Mais justement le malheur n'est pas une punition, et y voir une punition serait ajouter au mal : il est juste bête à pleurer. Profil bas, donc, ce n'est pas la fin du monde, ni le début d'un monde tout nouveau. Il va falloir se réinstaller dans ce monde ordinaire, accepter les solutions du « moindre mal », plutôt que rien. Et approuver le moindre bien…

Les innocents dangereux

Nous venons de parler de la révolte de Job, protestant de son innocence. Il démantèle ainsi la logique de la rétribution punitive qui écrasait les sociétés antiques. Mais la forme la plus grave du problème moral dans nos sociétés, c'est à l'inverse que les gens se croient tous innocents : « Moi ? Je n'ai jamais fait de mal à une mouche ! » Nous devons comprendre que nous sommes tous potentiellement des animaux dangereux. On entre d'ailleurs dans la vie éthique quand on découvre qu'on est capable de faire du mal, même en voulant faire le bien. À cet égard, ils se ressemblent beaucoup ceux qui, vaccinés, majeurs et consentants, et ceux qui, drapés dans leur liberté et refusant le vaccin, se croient les uns et les autres parfaitement inoffensifs ! Tant qu'on est dans un état d'esprit d'innocence, ou pire de malheureuse victime d'un universel complot, on ne pourra jamais accéder à l'« éthicité ». « Moi aussi je peux faire du mal. » L'épidémie nous apprend à accéder à la responsabilité, à nos corps défendants. Le simple fait d'exister nous rend porteurs de cette possibilité tant passive qu'active. La séparation entre vulnérabilité et responsabilité se complique. Nous mesurons tous notre caractère à la fois fragile, périssable, et capable, responsable.

La condition charnelle

Les évolutions techniques et les nouveaux mythes qui les accompagnent n'ont cessé de nous tenir un discours de l'ouverture, du déplacement perpétuel, de l'espace des choix et des « libertés » ouvertes, sans cesser d'ailleurs d'élever de manière concomitante des murs, des frontières, des coques et des protections de plus en plus dures. Internet nous a fait croire à l'immédiate ubiquité. Ce que cette crise démontre, c'est notre addiction au déplacement perpétuel ; or ce sont des humains en mal de déplacement qui propagent le virus. Ce que montre cette épidémie, c'est que le *tourisme* est au cœur de notre modèle civilisationnel. Nous avons désormais besoin de ralentir ces échanges, d'être davantage là où nous sommes, d'accepter d'être non des esprits hyperconnectés et hypermobiles, mais des corps vulnérables, habitant et cohabitant avec ceux qui sont là, auprès de nous. D'ailleurs le coronavirus se moque des frontières, et notre mythe de l'indépendance s'effondre. On redécouvre que les frontières sont des membranes poreuses, et que si elles étaient parfaitement étanches ce serait la mort, tant pour les individus que pour les sociétés. On redécouvre dans le même temps qu'on a besoin de défenses immunitaires, de séparations protectrices des différences, d'un minimum de clôture, de lenteur dans les échanges, qui s'étaient faits, à l'échelle de la mondialisation, trop massifs et trop rapides. Cette épidémie nous rappelle à notre lente condition charnelle : nous sommes des corps, des êtres de chair, des cohabitants du monde. Et nous sommes des êtres profondément interdépendants, à la fois des hôtes (offrant l'hospitalité) et des hôtes (demandant l'hospitalité), à toutes les échelles.

Une société de solitudes

Cette épidémie nous surprend donc dans une impasse. Nous sortons de décennies sinon de siècles d'un imaginaire de l'indépendance ! Indépendances nationales, indépendances individuelles. Notre figure mythique est celle du survivant, assez fort, assez intelligent, assez *élu* pour se sauver lui-même, comme Harry Potter dans *Le Prisonnier d'Azkaban*, attendant que son père intervienne pour le sauver jusqu'au moment où il comprend qu'il ne peut compter que sur lui-même et que son salut lui appartient. On peut, on doit, il faut se sauver tout seul ! Auto-transcendance, autonomie, auto-émancipation. Cette épidémie frappe et dévoile une société de solitudes, et la crise est révélatrice d'un imaginaire de la solitude volontaire. Il faudrait se sauver, et se sauver tout seul, sans rien devoir à personne, et croire pouvoir se sauver par une fuite en avant, en se protégeant des autres, en fermant les frontières, en baissant les rideaux et les visières. Les survivants sont et seront toujours, pour eux-mêmes et leurs descendants, ceux qui auront mérité de survivre ! C'est cet idéal (et cette psychologie de masse) du survivant qui m'effraie. Je pense à l'inverse qu'au moment de les perdre, nous mesurons l'importance et l'étendue de nos attachements, de nos liens, de nos interdépendances. Déclarons notre *interdépendance* ! Au moment où il devient difficile d'accompagner, de prendre dans nos bras, de toucher, nous mesurons le besoin qui est le nôtre du soin mutuel, et combien nous sommes des corps vulnérables et périssables. Qu'il est difficile le soin dans une société de solitaires, de personnes sans cesse connectées mais à distance ! Honneur à ce qui ne se peut faire qu'*en personne*, en présence, avec ceux qui sont là, de proche en proche.

Mourir aujourd'hui

Cette épidémie dévoile aussi que nous avons un problème collectif avec l'interprétation de la mort : qu'en faisons-nous ? Comment l'interprétons-nous dans nos existences et dans nos sociétés ? Ce qui est difficile et délicat dans la vie, c'est de répliquer au fait absurde et merveilleux d'être nés en introduisant par la parole et l'action des nouveautés, en découvrant, en créant, en faisant naître à notre tour, et tout cela sans répliquer au fait de devoir mourir en détruisant, en démolissant, en dépréciant tout dans un « Après moi le déluge » généralisé ! Comment accepter de dépérir et mourir et néanmoins bénir tout ce qui naît et tout ce qui croît en dehors de nous ? Nous avons frémi devant l'éventualité tragique d'une épidémie où nous ne pourrions plus accompagner chacun jusqu'au seuil du mourir, ni même accompagner les proches désemparés. Mais que se passerait-il par exemple face à un virus qui éliminerait systématiquement une certaine tranche d'âge ? Or nous sommes des sociétés où il y a eu beaucoup de naissances, et quelle que soit notre longévité, nous aurons donc à terme forcément beaucoup de morts. Ce basculement planétaire de sociétés entières dans des malheurs collectifs pose un problème inédit, qui n'est pas seulement celui du vieillissement : comment allons-nous faire pour mourir si nombreux ? Et comment allons-nous le faire dans une société technicienne, où nous avons délégué le mourir à des espaces hospitaliers en quelque sorte externalisés, et dans une société de solitaires, qui ne savent plus comment y faire place dans la vie ordinaire ? Pourquoi ce rapport technique, solitaire et somptuaire à la mort ? Comment apprendre à mourir *parmi* d'autres ? J'irais jusqu'à dire : comment accepter une mort un peu plus *modeste,* où l'on se sache accueilli et reconnu dans une mémoire plus vaste que soi, mais en reportant son désir de vivre sur les autres vivants ?

La sobriété évangélique

Parenthèse sur la mort *modeste* : lorsque Calvin demandait à être enterré dans une fosse anonyme, tout nu dans un drap à même la terre, sans cercueil et sans solennité, il était dans le droit fil de la Réforme, rompant avec le culte des morts comme avec le sacrement de l'extrême-onction. Il était cohérent avec son *Traité des reliques,* où il moquait avec une jubilation rabelaisienne la superstition des reliques des saints. Il voulait rendre impossible tout pèlerinage sur sa tombe – ce à quoi Lénine n'a pas pensé ! Il voulait libérer les fidèles de la religion superstitieuse, de toute crainte comme de toute adoration des morts. Il voulait les libérer de l'obligation onéreuse d'en passer par une institution (Église ou autre) qui ferait payer aux vivants les rites funéraires de passage des morts. Il voulait que la mort puisse être l'occasion de sentir enfin l'égalité de tous devant Dieu, l'humilité de s'en remettre entièrement à lui et de laisser la place à d'autres.

Accepter le rétrécissement

Jadis, sauf en temps de catastrophe ou de guerre, on mourait un par un, comme on naissait. On avait la place de lancer ses vitupérations, de disposer ses souvenirs essentiels, de transmettre ses bénédictions qu'on glissait à la génération suivante avec l'autorité de ceux qui s'effacent et qui partent pour laisser place aux autres. On peut redouter un temps où les humains mourront massivement, en série en quelque sorte, sans pouvoir bénéficier de beaucoup de présence, de conversation ni de soin. C'est le paradoxe : mourir en masse, et solitaires ! C'est le cas avec les épidémies comme avec les famines et les guerres. Le sens de cette réflexion est donc d'appeler à penser ensemble les soins de fin de vie, soins préventifs et palliatifs compris, dans une logique qui accepte le *rétrécissement*. Rétrécissement de la surface des activités et des échanges de la personne âgée, mais rétrécissement aussi des moyens humains et de la densité relationnelle à proportion de l'augmentation du nombre de personnes âgées par rapport à la population active, et rétrécissement des moyens globaux de nos sociétés. Je crains que la France ne place ses normes de vie, de sécurité, de santé, etc. au-dessus de ses moyens : nous sommes très forts pour édicter des lois magnifiques qui décrivent l'idéal que nous souhaiterions atteindre, mais ces lois bien souvent passent largement à côté ou au-dessus de la réalité. Plus généralement, nos sociétés sont très fortes pour soutenir tout ce qui augmente, tout ce qui grandit, mais pas très équipées pour faire face au rétrécissement, à la diminution, pour les autoriser, les rendre acceptables sinon même préférables. Pour donner un minuscule exemple, on verra sans doute que les sociétés et entreprises qui ont pris en compte tous les coûts et se sont constitué une chaîne d'approvisionnement plus régionale, avec des partenariats de confiance, capables justement de donner du temps, sauront mieux résister que celles qui ne voient que les prix et se défient de tous, sans chercher à établir des liens durables, des relations fiables. Après avoir découvert les bienfaits économiques de la mondialisation, qui restent acquis pour certains types d'échanges, il faudra découvrir les bienfaits économiques du rétrécissement, à bien des égards, et qu'on avait négligés.

La bio-sécurité n'est pas la démocratie

L'épidémie frappe un monde instable et les modes de gouvernance démocratiques font aujourd'hui face à des modes de gouvernance autoritaires mais apparemment très efficaces, comme en Chine. Celle-ci est en train de jeter un modèle de gouvernance rationnel qui oblige les autres sociétés qui voudraient rester concurrentielles à faire de même, faute de quoi elles pourraient peut-être un jour se trouver simplement rayées de la carte ! Faudra-t-il suspendre la démocratie et entrer en état d'exception ? N'est-ce pas le défi chinois aux démocraties occidentales de montrer que les libertés fondamentales sont compatibles avec l'observance et le civisme des populations ? De montrer que la parade sanitaire peut y être rapide, et rapide la relance d'une économie en morceaux ? De montrer que l'accès aux soins reste garanti de manière égale pour tous ? De montrer que les effets économiques peuvent être abrégés, les effets sociaux amortis, et que le deuil sera profondément entendu et non trop vite balayé dans la volonté de tourner la page ? C'est tout l'enjeu des débats autour de la question démocratique. Une société démocratique est-elle une société civique où tout le monde doit se reconnaître raisonnablement dans les préconisations du gouvernement, qui vise le moindre mal ? Ou bien est-ce une société qui confie à chacun le soin de chercher au mieux son bonheur, sans prétendre rien faire pour son bien à sa place ? Plus grave encore : face aux périls qui arrivent, nos démocraties sont affaiblies par leur court-termisme électoral, qui empêche la tenue de cap de gouvernance à long terme, et qui génère une société altérée par des rumeurs, des urgences et des peurs irrationnelles. Nos démocraties sont aussi affaiblies par un échelon de décision national qui empêche de réagir à la fois plus localement, plus rapidement, plus variablement, et plus largement, globalement, internationalement, en prenant la mesure des solidarités planétaires nécessaires pour juguler la propagation du malheur. Le paradigme politique aujourd'hui dominant est celui de la biosécurité, à la fois de la « protection » maximale et de la « gestion » optimale du potentiel des populations – ce qui ne va pas sans une conformation des modes de vie à des « bonnes » formes, et le conformisme prédomine dans nos démocraties aussi. Sécurité alimentaire, sanitaire, communicationnelle : nous vivons sous le règne du principe de précaution. Nos orientations éthiques glissent peu à peu vers des normes morales de plus en plus juridicisées, et nos règles juridiques sont de plus en plus installées dans des dispositifs techniques non transgressables. Face à cela nous voudrions résister : à la fois cesser de nous surprotéger et faire place parmi nous à la diversité des formes de vie, à la créativité des cultures vivantes, à la densité de nos sociétés en existences désireuses de coexister. Les humains ne sont pas simplement des vivants à garder en vie de manière optimale comme un cheptel ; ce sont des sujets parlants, qui vivent de parole et de conversations. Et la conversation ordinaire est l'élément de la démocratie. Mais pour cela il faut des citoyens capables de conversation, de ne pas croire avoir raison tout seuls, et capables de soutenir les choix démocratiques de l'intérieur, sans se débiner.

Une crise communicationnelle

C'est la première fois que l'humanité rencontre une épidémie alors qu'elle se trouve équipée de moyens de communication et de connexion aussi prodigieux. Le traumatisme collectif des grandes épidémies des siècles précédents était peut-être qu'on manquait alors d'informations. Le nôtre est peut-être que nous en avons trop, et le bruit même des rumeurs a changé de forme avec la mondialisation numérique. En même temps cela a été une chance inouïe, confinés si longtemps, d'être restés à ce point connectés. Cela nous a aidés à traverser l'épidémie, mais c'est devenu une véritable addiction. Que se passerait-il en cas de panne d'Internet et des réseaux ? On ne sait pas. Quoi qu'il en soit, sans cette nouvelle forme de contagion panique, le gouvernement n'aurait pas pris les mesures inédites que nous avons vues. La viralité numérique a fait écho à la viralité du virus, d'où la réaction planétaire. Mais les paniques et les rumeurs sont au moins aussi dangereuses que la frivolité oublieuse du mal. Il va falloir éduquer les populations, et donc les réseaux et les médias, à la fois à refuser les discours de guerre sans sombrer dans l'indifférence désinvolte et à prendre au sérieux les informations sans paniquer. Et d'autant plus que la crise continue, comme une crise « perlée », discrète au sens de discontinue, mais qui ne cesse de nous interrompre, d'interrompre nos projets et notre communication : comment prendrons-nous le temps de recevoir vraiment les *informations*, mais aussi les *interrogations* sur nos modes de vie ? Avons-nous pris le temps de recevoir vraiment, avec une confiance critique, les consignes publiques ? Avons-nous pris le temps de recevoir les appels de nos proches ? Comment nous sommes-nous déplacés pour y répondre ?

Une rupture temporelle

L'extraordinaire finalement, c'est qu'il nous soit arrivé quelque chose. Nous sommes dans une société tellement prévoyante ! Mais là, on a été démunis, tous, massivement. Nous étions dans un énorme train fou qui ne pouvait pas arrêter sa course, et soudain on a vu qu'on peut tout arrêter. Cela veut dire qu'on est capable, si on veut vraiment, politiquement, dans le sens de la gouvernance, dire : « Stop, on arrête ça », on le peut. On n'oubliera pas cela. Parce que quelque chose nous est *arrivé* qui n'était pas prévu, alors que le Marché et l'État sont précisément là pour nous protéger des imprévus, anticiper et même produire les événements admis à avoir lieu, la crise sanitaire a pris la forme d'un *kairos*, d'un temps décisif, d'une occasion critique d'apercevoir ce qui est d'ordinaire inaperçu, de faire voir et de rendre sensible ce qui est d'ordinaire insensible, de réviser nos priorités tant personnelles que collectives. Critique au sens fort : l'occasion de faire le tri. Mais auparavant, plus radicalement que toute réaction trop rapide, cela suppose d'accepter qu'il nous arrive quelque chose, que nous le sentions simplement, que nous le subissions, que nous laissions passer sur nous ce temps d'arrêt, ce temps d'attente, ce temps où nous découvrons que nous ne sommes plus les maîtres de notre temps… Nous avons réélargi notre rapport au temps, repris notre respiration, nous sommes sortis du temps nerveux, enfiévré, pour retrouver un temps plus ample, où le passé et l'avenir font aussi durablement partie d'un présent élargi. C'est la première rupture : nous avons changé de régime temporel, basculé dans le temps long, appris à différer, appris aussi simplement le décalage entre la perception présente et la réalité qui n'apparaît que plus tard. L'erreur serait de ne croire que ce que l'on voit, dans notre présentisme effréné : il nous faut intégrer dans la perception le temps long des décalages – c'est vrai du Covid-19 comme du climat, et de bien d'autres choses. Nous avons réappris le temps long, et que rien n'est à l'abri du sort, comme disait Simone Weil, à l'abri de ce qui peut juste arriver. Nous essaierons de ne plus l'oublier.

Nous voici revenus à la vie ordinaire, ou quasi ordinaire. Les grandes questions de nos sociétés sont en train de revenir, plus lancinantes que jamais. Les terrasses des cafés sont pleines, les gestes barrières s'atténuent. On voudrait oublier, mais il faudra bien réorganiser nos modes de vie, apprendre à vivre avec ce virus, comme on a appris, douloureusement parfois, à vivre avec tant d'autres maux, à les apprivoiser, sans prétendre les éradiquer, sans chercher des solutions définitives ou totales. Il n'y a pas de solution qui serait une fois pour toutes ; c'est « à chaque fois », par des petits gestes quotidiens, des petites habitudes réorganisées, une vraie connaissance de la maladie et de ses cycles, que nous sortirons de la crise, par des vaguelettes devenues ordinaires.

Pandémie : jugement, conversion et créativité

*Emmanuel Adamakis**

Chaque crise s'accompagne d'un jugement. D'ailleurs, en grec, le mot *κρίση* qui est à la base du mot « crise » recouvre bien ce champ sémantique, comme si la seule manière de faire sens des événements qui s'invitent violemment dans notre réalité était de se forger une opinion et d'émettre un avis sur la situation en cours. Le jugement naît de la crise. La crise crée les conditions d'une rupture d'harmonie qui nous oblige à « faire la part des choses ». Or le glaive de la raison n'est pas qu'un instrument à double tranchant qui sépare et organise. D'ailleurs, le glaive dans l'Écriture sainte n'est-il pas aussi le signe de la force régalienne par lequel l'ordre public est maintenu ? « Eh bien, ce qui est à César, rendez-le à César, et rendez à Dieu ce qui est à Dieu » (Luc 20, 25). Jésus dans le jardin de Gethsémani ordonne à Pierre de se libérer de son épée (Jean 18, 11) car le jugement de celui qui devait être condamné à souffrir sur la croix ne devait pas passer

* Métropolite de France et président de l'Assemblée des évêques orthodoxes de France.

par les armes, mais par le renoncement absolu, non seulement à son humanité mais aussi à sa divinité. Le jugement intervient au jour de la résurrection, lorsque, les portes closes, Jésus invite ses disciples à sortir de leur torpeur et de leur doute, tel saint Thomas dont l'opinion demandait un signe tangible afin de devenir foi. Les disciples sortiront-ils un jour de la chambre où ils se tiennent enfermés par peur ? Leur dé-confinement n'intervient qu'à la lumière de leur foi et de leur espoir.

La pandémie que nous traversons nous rappelle, à bien des égards, cet état de paralysie qui a animé les premiers disciples, entre peur du jugement et crainte du monde extérieur. La responsabilité est collective et, même si nous sommes fatigués des mesures de distanciation sociale, l'éthique de solidarité à laquelle nous sommes appelés est un devoir d'amour sacrificiel qui passe par la limitation de nos libertés individuelles au profit du bien collectif.

Séparer et unir

Séparer, c'est sacraliser. Unir, c'est créer des symboles. En cette période de grande perplexité, ces derniers sont utiles pour décrire les relations qui existent dans notre monde et par-delà entre le visible et l'invisible. Le masque, par exemple, est devenu le signe visible de la lutte contre un virus invisible (du moins à l'œil nu). Tel un laissez-passer, le fait de se couvrir le visage est devenu un acte quasiment rituel. D'ailleurs, les lieux de culte jouent leur survie en appliquant strictement les recommandations gouvernementales, non seulement pour des raisons sanitaires, mais aussi parce que, du moins pour l'orthodoxie, le passage au tout-virtuel a fait la preuve de ses limites.

En effet, le christianisme en général et l'orthodoxie en particulier se fondent sur le mystère de l'incarnation. La foi se vit par le corps. La prière s'annonce par le son. Les sacrements se reçoivent par les sens. Cette période aura été très difficile pour nos fidèles qui n'ont pu participer aux grandes festivités de la Semaine sainte et de Pâques. Le recours à l'outil informatique a permis de remplacer l'absence de rites liturgiques en personne, poussant les responsables religieux de l'orthodoxie et leurs fidèles à explorer de manière souvent inédite la participation des chrétiens à la prière et aux rites de l'Église.

Il n'y a rien de plus déchirant que de célébrer la Semaine sainte et Pâques séparés les uns des autres, et je souhaite que nous n'ayons plus jamais à passer par ce genre de mesures extraordinaires. Cependant, la crise n'est pas terminée. Nous sommes obligés de continuer à nous adapter à cette nouvelle réalité. Nos églises n'ont toujours pas retrouvé un cycle normal. La distanciation sociale fait désormais partie de notre vie quotidienne. Nous nous habituons à porter des masques. En même temps, il y a une vraie soif de relation que même Zoom, Skype, YouTube ou Facetime ne parviennent pas à satisfaire parfaitement. Toute la technologie du monde n'est pas en mesure de remplacer la proximité physique qui nourrit nos âmes de joie, d'amour et de grâce. Mais ces temps extraordinaires ont appelé des mesures tout aussi extraordinaires. Le Covid-19 a changé la façon dont nous conduisons nos ministères pour le service du peuple de Dieu. Même si les moyens sont différents, l'essence de notre action pastorale reste la même : louer Dieu qui a offert le salut à toute l'humanité. Comme il est dit dans le psaume : « Je t'aime, Seigneur, tu es ma force ! Le Seigneur est pour moi un roc, un refuge où je suis en sûreté. Mon Dieu est pour moi un rocher où je suis à l'abri du danger, un bouclier qui me protège, une forteresse où je suis sauvé » (Psaumes 18, 2-3).

Au cours de mes vingt ans d'épiscopat en France, je n'aurais jamais pensé devoir affronter des temps aussi difficiles. Aujourd'hui, les fidèles ont plus que jamais besoin de l'aide de l'Église. Notre service pastoral commence en maintenant vivante la vie liturgique de nos églises. Il était nécessaire de maintenir sans interruption les offices et célébrations, même à huis clos. Cette continuité a permis d'envoyer un message à nos fidèles : l'Église est toujours là, elle prie pour eux et pour le monde. On peut lire dans la prière de l'anaphore selon saint Basile le Grand : « Souviens-toi, Seigneur notre Dieu, de tout ton peuple, et verse ta riche miséricorde sur eux, en leur accordant leurs demandes de salut. Souviens-toi, ô Dieu, de tous ceux dont nous ne nous sommes pas souvenus par ignorance, par oubli ou à cause de leur multitude puisque tu connais le nom et l'âge de chacun, même depuis le sein de leur mère. Car toi, Seigneur, tu es l'aide des impuissants, l'espoir des désespérés, le sauveur des affligés, le havre du voyageur et le médecin des malades. Soyez tout pour tous, vous qui connaissez chaque personne, ses demandes, sa maison et ses besoins. Délivre cette communauté et cette ville, ô Seigneur, et chaque ville et village de la famine, de la peste, du tremblement de terre, des inondations, du feu, de l'épée, de l'invasion d'ennemis étrangers et de la guerre civile. » C'est pourquoi les services divins devaient continuer à être offerts, qu'ils soient diffusés par Internet ou pas. Le premier devoir du pasteur, du prêtre est de prier pour les membres de sa communauté.

Mais la décision la plus radicale que j'ai eu à prendre a été, dans certains cas, de fermer certaines églises aux fidèles, par conformité autant que possible aux décisions gouvernementales. C'est avec un cœur très lourd que j'ai demandé aux paroisses de rester fermées aux fidèles pendant qu'un prêtre accompagné d'un chantre continuaient d'accomplir les services divins. J'ai écouté avec attention les experts et autres spécialistes. En fin de compte et en raison de la nature du virus et de sa diffusion, la seule vraie solution contre la propagation de la pandémie a été de fermer nos églises et de recommander aux fidèles de rester à la maison même pendant la Semaine sainte et Pâques, les jours les plus sacrés du calendrier chrétien.

Nous avons été et sommes encore critiqués par certains qui considèrent que nous avons trahi la foi chrétienne en prenant une telle décision. Mais notre foi n'est pas magique. La foi et la science œuvrent de concert, elles ne sont pas incompatibles. Il aurait été irresponsable de garder nos églises ouvertes dans l'état actuel de nos connaissances et de notre compréhension du virus. Ceux qui nous disent que nous n'aurions pas dû fermer les portes des églises me rappellent l'épisode de la tentation du Christ dans le désert. « Alors le diable l'emmène dans la Ville sainte, le place sur le faîte du temple et lui dit : “Si tu es le Fils de Dieu, jette-toi en bas, car il est écrit : Il donnera pour toi des ordres à ses anges et ils te porteront sur leurs mains pour t’éviter de heurter du pied quelque pierre.” Jésus lui dit : “Il est aussi écrit : Tu ne mettras pas à l’épreuve le Seigneur ton Dieu.” » (Matthieu 4, 5-7). Si nous avions gardé les églises ouvertes, nous aurions tenté Dieu. La seule réponse responsable et pastorale était de créer les meilleures conditions de distanciation sociale. Comme sa toute-sainteté le patriarche œcuménique Bartholomée l’a très bien dit : « Ce qui est en jeu, ce n’est pas notre foi – ce sont les fidèles. Ce n’est pas le Christ – ce sont nos chrétiens. Ce n’est pas l’homme divin, mais les êtres humains[1]. »

De manière aussi étrange que significative, ce temps a aussi été une occasion pour nous de renforcer nos vies spirituelles dans le contexte de nos foyers, de rendre réel la κατ ‘οίκον εκκλησία, l’« Église de la maison ». Il s’agit certainement d’un résultat positif au sein d’une situation difficile. De plus, la période pendant laquelle nous avons dû jeûner des services divins a créé une soif particulière pour la célébration liturgique. Les fidèles ont d’ailleurs d’autant plus soif de cette expérience cultuelle tangible maintenant qu’ils peuvent être de retour. Nous ne devons pas oublier que l’*ecclesia* s’étend bien au-delà des quatre murs de n’importe quel bâtiment. Nous célébrons la divine liturgie pour la vie du monde, et que le service soit diffusé en direct ou non, il est vital qu’il ait lieu.

Reconnaissance

Cette période de crise est aussi une période de reconnaissance. Chaque jour, nous assistons aux soins et à l'amour dévoués de ceux qui sont en première ligne : le personnel soignant, les médecins, les infirmières, les pompiers, la police, les fonctionnaires civils, toutes les personnes qui ont continué à faire fonctionner notre économie en travaillant dans les épiceries, pharmacies, services essentiels, qui se mettaient en danger pour nous. De même faut-il y associer le clergé qui a continué à se mettre au service des fidèles. Ce comportement désintéressé illustre l'amour sacrificiel du Christ qui « s'est livré pour la vie du monde ».

J'ai notamment demandé à mon clergé d'être des modèles pour leurs fidèles : de garder le contact avec eux, s'inquiéter de leurs besoins, leur demander leurs intentions de prière. Leurs paroissiens ont besoin de savoir qu'ils les commémorent tous, chacun par leur nom, individuellement, au cours de chaque eucharistie. Ils ont besoin que leurs pasteurs communiquent avec eux régulièrement et fréquemment, en faisant usage de tous les moyens possibles, toutes les plateformes de communication, du téléphone traditionnel aux réseaux sociaux et à la vidéoconférence.

En tant que clergé, en tant qu'évêque, notre mission première est de prier pour les fidèles. Même si nous ne pouvons pas être ensemble, nous pouvons prier les uns pour les autres. Même lorsque nous ne pouvons pas enterrer nos êtres chers de manière normale, la prière de l'Église reste puissante et la destinée spirituelle de ceux qui reposent maintenant dans le Seigneur trouve un accomplissement final dans la mort et la résurrection du Christ.

L'utilisation de la technologie était essentielle pendant la Semaine sainte et Pâques. Beaucoup de nos églises diffusent leurs services en ligne ou en utilisant les réseaux sociaux, créant de nouvelles façons de se connecter avec la foi, avec nos églises, avec l'expérience liturgique, et plus généralement les uns avec les autres. Réfléchir à ce que nous avons vécu pendant la Semaine sainte, la trahison, la condamnation, la crucifixion et l'enterrement du Christ et l'expérience du tombeau vide, continue à posséder un goût différent, car nous ne pouvons pas toucher les icônes, nos églises, nos traditions, mais nous pouvons certainement annoncer la résurrection du Christ avec les moyens dont nous disposons, vidéo, téléphone, texto, disant au monde que le Christ est ressuscité ! Ce voyage spirituel à travers Pâques n'a donc jamais été interrompu, mais il a été plutôt redirigé vers le cœur des fidèles. « Pour toi, quand tu veux prier, entre dans ta chambre la plus retirée, verrouille ta porte et adresse ta prière à ton Père qui est là dans le secret. Et ton Père, qui voit dans le secret, te le rendra » (Matthieu 6, 6).

Nous ne devons pas perdre notre foi. Autant que possible, nous devons continuer à faire communauté, à nous entraider, à prendre soin les uns des autres et à nous aimer les uns les autres. Nous ne pouvons pas être sourds à la douleur et à la souffrance de notre prochain. Bien que les projets soient variés, la priorité reste la même : servir et prendre soin du corps du Christ tout entier et de tous ses membres. Hier, rester à la maison était la meilleure façon de montrer notre amour à notre prochain. Il existe de nombreuses autres façons de servir nos communautés : porter un masque, être attentif à la distanciation sociale, donner son sang, offrir nos services et notre aide, passer des appels téléphoniques, tendre la main aux gens qui ont besoin de quelque chose, partager. C'est le meilleur témoignage que nous puissions rendre à l'Église dans un esprit de réconciliation et de pardon.

En tant que chrétiens et orthodoxes, nous devons assumer la responsabilité du bien-être d'autrui. Nous pouvons être unis en Esprit alors que nous sommes séparés dans la chair. En effet, protéger la santé de ceux qui nous entourent est un puissant témoignage de notre foi, plaçant le bien des autres avant le nôtre. Par notre foi en Dieu, nous pouvons surmonter ces difficultés actuelles, par la réconciliation de la raison scientifique et de la foi, nous saurons transfigurer le monde. « Tel est le but de la vie humaine, l'ultime vocation sacerdotale des créatures dotées d'une liberté et d'une conscience rationnelle. Nous savons, bien sûr, que ce travail de transfiguration ne sera jamais achevé au cours de cette vie, car il ne peut atteindre son accomplissement parfait que dans le Royaume de Dieu[2]. »

NOTES

1. Patriarche Bartholomée, *La Croix*, 31 mars 2020.
2. Archidiocèse grec orthodoxe d'Amérique, *Pour la vie du monde. Vers un éthos social de l'Église orthodoxe*, 2020, § 4.

« Garde ta lampe allumée » Notes du temps de pandémie*

*Denis Malvy***

À la mi-mars de l'année 2020, le monde entier s'est refermé sur lui-même comme jamais il ne l'avait fait auparavant. Le responsable de cet arrêt brutal est un coronavirus de 0,14 micron de diamètre, le SARS-CoV-2, transmissible par voie aérienne, parti de Wuhan en Chine pour se répandre d'un continent à l'autre à une vitesse folle, semant la mort et le désarroi sur son passage. Le nom porté par la pathologie que cause ce coronavirus est le Covid-19. Le XXIe siècle a connu au moins trois crises épidémiques avant l'irruption de la

* Ce texte est composé de plusieurs récits de vie élaborés dans un carnet entre avril 2020 et décembre 2021. Ces récits sont extraits d'une narration toujours en cours retraçant les événements liés à l'histoire de la pandémie en y apportant un regard fondé sur le témoignage d'un engagement et d'un itinéraire partagés avec plusieurs grands témoins de ce temps.

** Professeur de médecine au CHU et à l'Université de Bordeaux, membre correspondant de l'Académie nationale de médecine, prêtre orthodoxe, professeur d'éthique et bioéthique au Centre Dumitru Stăniloae et conseiller épiscopal de la Métropole orthodoxe roumaine d'Europe occidentale et méridionale.

pandémie de Covid-19. À cette occasion, le monde est pourtant apparu ignorant du risque de survenue d'une nouvelle épidémie et l'humanité est aujourd'hui frappée, sidérée par un revers destructeur sur les plans sanitaires, sociaux et économiques. Paradoxalement, la communauté internationale disposait d'un niveau de connaissances, de ressources et de technologies permettant de repérer les signaux d'émergence d'une maladie infectieuse menaçante, et d'anticiper ou de faire face à sa menace[1].

Les pandémies dans l'agenda des âges et des nations

Les maladies infectieuses jalonnent les chemins de l'humanité depuis des millénaires à travers les trajectoires des relations entretenues entre l'humain et le monde microbien. Ces relations sont largement déterminées par l'impact des activités humaines, déclinées sous le terme d'« anthropisation », sur l'environnement et en particulier celui partagé avec le règne animal. Ainsi, l'invariant de l'émergence d'une maladie infectieuse épidémique peut être la conséquence de l'activité humaine sur l'écosystème terrestre, et en premier sur la biosphère de la faune sauvage. Cette faune sauvage, et cela quelle que soit la localisation de son implantation sur la planète, porte l'immense réservoir d'espèces microbiennes, en particulier de virus, n'ayant pas rencontré jusqu'alors les conditions de dilution et de rupture de la barrière d'espèce qui les tiennent à distance de l'homme.

Ainsi, les conditions instruisant les contacts entre la faune sauvage, le bétail, en particulier d'élevage, et les êtres humains constituent le complexe pathogène des émergences infectieuses*. À titre d'exemple, un grand nombre de maladies infectieuses comme la rougeole ou la variole ont émergé dans le périmètre de la révolution néolithique à la faveur de la sédentarisation, avec l'accroissement de la densité de population et la proximité avec les animaux domestiques.

À travers l'histoire, les facteurs anthropiques ont également été à l'œuvre s'agissant de l'expansion loco-régionale, puis de la diffusion de l'agent infectieux émergent. Ces facteurs déterminent la production des chaînes de transmission et d'implantation de l'agent émergent par le truchement de la mobilité, des déplacements intercontinentaux animaux et humains et du commerce international.

Au cours des deux derniers millénaires et jusqu'à la période post-moderne ou industrielle, des phénomènes de ce type ont prévalu à la dynamique des maladies épidémiques. Ainsi, ils attestent que notre humanité vivait déjà dans un espace en quelque sorte interconnecté, qu'il s'agisse de la route de la soie ou à travers les échanges

---

* L'invariant du complexe pathogène des maladies infectieuses à pathogènes émergents est représenté par l'intervention de facteurs anthropiques. Ces facteurs abolissent la dilution du risque d'émergence d'un agent infectieux nouveau par la rencontre entre un réservoir animal sauvage tributaire d'un écosystème menacé et un hôte animal intermédiaire souvent tributaire de l'élevage intensif, suivi de la rupture de barrière d'espèce vers l'homme souvent opérée en contexte d'habitat urbain désorganisé et de haute densité humaine.

par transport fluvial et maritime. Ces mouvements ont déterminé les épidémies qui se sont succédé à travers les siècles.

Les épidémies du temps passé ont fourni autant de représentations obstinément véhiculées jusqu'à nos jours, avec par exemple la « grande faucheuse » comme figure de la peste à travers ses deux emblèmes chronologiques, à savoir la peste de Justinien aux confins du VIe siècle de l'ère chrétienne* puis la peste noire au milieu du XIVe siècle**, ou encore le « masque de la mort » griffé par Jean Giono et emblème du choléra***. À travers les temps, les crises sanitaires ont contribué de façon

---

* La peste de Justinien, rapportée aux alentours des années 541 à 544, constitue la première vague de la première pandémie de peste du premier millénaire de l'ère chrétienne. Elle réémergea par vagues successives en Eurasie occidentale au cours des deux siècles suivants.

** La deuxième pandémie de peste, dite « peste noire » ou « mort noire », a dévasté l'Europe de la fin du Moyen Âge et du début de l'époque moderne, l'Asie du Sud-Ouest et l'Afrique du Nord. Dans les ravages qu'elle occasionna, elle aura laissé l'empreinte de figures exemplaires de compassion, d'abnégation, de courage, d'énergie et de dévouement auprès des affligés et des confinés, et même d'engagement dans la réponse sociale à l'épidémie. En Europe occidentale, parmi ces visages de miséricorde figurent au XVIe siècle saint Charles Borromée (reconnu comme le prélat italien protagoniste de la Réforme tridentine) lors de la mort noire qui ravageait sa ville diocésaine de Milan à la fin de l'année 1576, ou encore au XVIIIe siècle monseigneur Henri de Belzunce lors de la flambée épidémique qui ravagea la métropole marseillaise et la Provence de 1720 à 1722. La troisième pandémie survint à l'orée du XXe siècle et causa des millions de morts en Asie du Sud-Est.

*** « Les lèvres se retroussaient sur les dents et la jeune femme avait une sorte de rire cruel voire carnassier » (Giono 1951).

autonome à modeler l'évolution des sociétés. Même résolues, les épidémies ont imprimé le visage de nos peurs et de bien des violences et de mises au rebut. Ces effets se sont inscrits à travers les générations dans les tréfonds de l'histoire, des cultures, et d'un patrimoine non assumé des nations. À compter de la fin du XIXe siècle, l'Europe va connaître une période de chevauchement entre épidémies de choléra, dont la dernière expression date des années 1920, et épidémies successives de viroses à tropisme respiratoire sévères qui s'étendront à chaque reprise à une large partie de la planète. Les phénomènes épidémiques surviendront dès lors de manière accélérée, et cela par la collusion de leurs déterminants dans le temps et dans un espace que l'homme pouvait croire avoir conquis ou soumis.

Les pandémies à travers la brèche du monde

Ainsi, la fin du XXe siècle a été témoin de la transformation d'un monde déjà interconnecté vers un monde globalisé, c'est-à-dire dans lequel l'espace et le temps sont désormais contractés. Dans le monde globalisé, destruction des forêts tropicales et perturbation du climat, métropolisation, consumérisme, croissance et mobilités incontrôlées, discordes et conflits sont devenus autant de facteurs humains conditionnant l'agenda d'une dynamique accélérée, indissociée, ininterrompue et simultanée entre émergence, expansion et diffusion d'agents microbiens nouveaux. Dans le monde globalisé, une émergence dans un lieu de la planète, souvent manifestée par un événement négligé ou prétendument circonscrit, va mettre en résonance une crise de portée intercontinentale.

La rançon en est une vulnérabilité sans précédent face à des flambées de nouvelles maladies infectieuses menaçantes. La dernière pandémie à ce jour, le Covid-19, aura un retentissement inédit. Elle nous transporte aux confins de la jetée qui s'ouvre devant nos pas dans l'océan tumultueux de l'inconnu et de l'incertitude. Elle interroge les profondeurs de nos mémoires et sonde notre quête de sens à l'endroit du temps imparti au vivant. Les brèches du monde ont permis l'irruption, absurde, du malheur et de la pandémie. Le Covid-19 a profité du désordre du monde.

L'irruption de l'épidémie de Covid-19 a révélé l'incapacité collective à anticiper et préempter la prévention, la préparation et la riposte à une pandémie. Elle a démontré la fragilité des économies hautement interconnectées et des systèmes sociaux, et la fragilité de la confiance. Elle s'est immiscée dans des fissures, s'il ne s'agit de brèches. Ces fissures sont celles des sociétés et des nations que la crise pandémique a aggravées. Elle s'est nourrie des inégalités, nous rappelant de façon brutale le caractère indissociable liant santé et sociétés.

Les pandémies, mémoire et historicité

Sans détour, la pandémie nous renvoie à un exercice de discernement sur notre place et sur la nature des concessions auxquelles nous avons consenti à l'endroit d'un monde qui a changé. En contrepoint à l'amnésie de sociétés sidérées par la myopie du désastre, et tel qu'enjoint par la formule « À passé révolu, présent trahi », un temps d'anamnèse nous est néanmoins accessible. Ainsi, des leçons de l'histoire nous adressent plusieurs repères alors que la peur, les incertitudes, les larmes de la création entière et l'expérience de nos limites appellent à repenser le sens de notre existence[2]. Au terme dépassant désormais près de deux années de crise Covid-19, et au-delà du temps des tristes commémoraisons des anniversaires qui ont scandé l'année 2020, le temps écoulé depuis les deux grandes pandémies grippales qui se sont produites au cours des soixante dernières années continue à nous en proposer l'exercice*.

---

* Les épidémies de viroses respiratoires menaçantes ont été préfigurées par la pandémie oubliée de « grippe russe » qui déferla sur l'Europe et le Nouveau Monde avec trois vagues successives de 1889 à 1894. Son expansion, qualifiée de « ferroviaire », était contemporaine de celles du chemin de fer et des transports transatlantiques par voie maritime de traversée courte. Quarante ans après la terrible pandémie de « grippe espagnole », deux épidémies ont affecté notre monde. Il s'agit de la pandémie de « grippe asiatique » de 1957 et de la pandémie de « grippe de Hong Kong » apparue en 1968 avec ses reprises épidémiques de 1969, 1970 et 1972. Les données françaises permettent d'estimer les chiffres d'au moins vingt mille décès pour la première et trente mille pour la seconde, cela en contexte d'absence d'appropriation de mesures barrières. L'Organisation mondiale de la santé a chiffré le nombre de décès à au moins un million pour le monde entier lors de chacune de ces deux pandémies. Les témoignages de nos collègues qui ont vécu ces pandémies en France racontent l'afflux massif des malades dans nos hôpitaux et la vague de décès. À l'époque, notre monde comptait d'autres paradigmes

Entre les années 1970 et 2020, le monde et nos sociétés ont changé. Un exemple est celui du regard du monde occidental sur la mort. Le passage du seuil, le trépas devient caché. À la croisée d'un contexte d'opportunité, le déni de la mort s'est inscrit dans la promesse de l'homme augmenté, promesse adressée au nom de la préséance de la productivité à travers le mythe du transhumanisme*.

C'est désormais à l'hôpital que l'on rend son dernier souffle. Ainsi donc la mort ne se vit plus en famille mais elle est cachée, déniée. Et c'est néanmoins sans étonnement que les soignants vont se retrouver témoins ou accompagnants involontaires de la reconstruction circonstancielle de familles décomposées, mais rassemblées au chevet d'un proche vivant ses dernières heures (cf. Psaumes 103, 15-17). Et pourtant, céder au déni de la mort, c'est aussi oublier le propre de la vie, puisqu'on ne nous reprend que ce qui nous a été confié. Un

---

que ceux portés par les années 2020. En 1957, à la sortie de l'horreur de la deuxième guerre mondiale, l'heure était celle de la guerre froide et de la guerre du canal du Suez, et celle de la campagne des Cent Fleurs en Chine. L'heure était aussi celle qui sonnait l'avènement de projets sociétaux d'ampleur inégalée, avec en France la Sécurité sociale, la construction de la Communauté européenne et le droit international. En 1968, l'heure était celle des événements de Mai en Europe, des émeutes raciales aux États-Unis et de la guerre du Vietnam, et celle de la fin dévastatrice de la révolution culturelle en Chine. Enfin, « un petit pas pour l'homme » déclaré « grand pour l'humanité » venait d'être réalisé sur la Lune.

* D'aucuns qualifieront d'« anecdotique » que dans nos sociétés l'on a écarté du regard des enfants la vision des proches défunts et que les corbillards ont fait place à des voitures banalisées.

artiste visionnaire et exilé, Andreï Tarkovski, sentant sa mort prochaine, a osé se confronter à la question du sens de la vie dans une œuvre cinématographique testamentaire produite en 1986, *Le Sacrifice*. Le scénario convoque le personnage principal, un ancien acteur au verbe éloquent, Alexander, pour la célébration de son anniversaire dans sa belle maison de bois construite au bord de l'eau d'une île scandinave clairsemée d'arbres. Il est pour l'occasion en compagnie de sa femme, de sa fille, de son jeune fils provisoirement privé de parole, d'un ami médecin, et de l'étrange innocent du village, Otto le facteur, le distributeur de missives, le transmetteur de messages, Otto le héraut. Enfin, sur un fond en retrait abolissant la frontière du temps et de l'espace, sous l'auspice d'un effacement magnifié telle la surimpression de la lumière se réfléchissant sur l'outre-noir, veille et œuvre Maria, la servante. Le moment du dîner est éclipsé par l'annonce et le relais continu et en boucle par la télévision de l'imminence d'un cataclysme planétaire aux résonances de fin du monde. La vie d'Alexander en est bouleversée. Elle accueille l'irruption d'une prière inspirée de l'au-delà de son être, une prière humble, à mots perdus, oblative, à peine suppliante, telle l'ecténie ardente emportant la promesse de consécration à l'œuvre salutaire d'une rédemption. Tel le guide et l'ange messager, Otto le héraut apportera l'annonce faite à Alexander. La salutation d'Otto est portée en vue de la réception d'une solution inédite, radicale, insufflée par l'amour, sans concession ni dérogation. Cette issue salvatrice sera scellée au travers d'un temps incompressible, sanctifié. Et à travers les linteaux élevés d'une porte du Ciel, elle dévoilera l'irruption du miracle. Si dans les termes d'Otto toute offrande, tout don, y compris de la vie, « tout cadeau est un sacrifice », c'est-à-dire opérant une catharsis, un passage radical du profane au sacré, le sacrifice est en retour une offrande, un cadeau de la vie, qui rend celui qui donne et qui en retour reçoit pleinement vivant[3].

Les trente dernières années auront été celles d'autres confrontations. La première confrontation est celle de l'avènement de l'ère des écrans. Elle porte comme corollaire l'explosion suivie du tsunami des réseaux sociaux, des médias numériques et des relais d'information en diffusion continue, réelle ou supposée, avec partis pris ou construction et propagation de théories relativistes ou complotistes thuriféraires via l'éclipse de la raison, d'une ingression de la post-vérité. Nous vivons désormais le monde à travers un tempo empreint par l'instantanéité et l'appétence de l'émotion et de la compulsion. Une autre confrontation à l'œuvre est celle de la construction paradoxale de nos fascination et aversion vis-à-vis du risque épidémique, bien étayée dans le narratif d'œuvres cinématographiques en provenance d'outre-Atlantique et même dans celui de séries télévisées*. Au cours de cette même période, notre société a été confrontée à des situations inédites génératrices de défiance. Un

* À titre d'exemple, une chaîne télévisée française grand public diffusait fin janvier 2020, au moment coïncidant avec l'identification des premiers cas importés de Covid-19 sur notre sol, une série policière intitulée *Peur sur le lac*, dont l'intrigue fixait le scénario sur fond de mise en quarantaine d'une ville lacustre des Alpes en tout point semblable à Annecy, frappée par l'émergence d'une virose épidémique menaçante.

contexte de défiance vis-à-vis du système de santé et surtout de ses représentants est appréhendable à travers le prisme de crises sanitaires d'ampleur, dont l'affaire du sang contaminé dans les années 1980 ou la crise de la contamination des lots d'hormone de croissance par l'agent de la maladie de la vache folle et le scandale du chlordécone aux Antilles françaises dans les années 1990*. La suite donnée à ces scandales sera de plusieurs ordres, dont la première est leur inscription dans la mémoire collective. Exigence, suspicion et perte de confiance vis-à-vis du décideur et de la parole publique y trouveront un terreau. Le citoyen exige désormais de comprendre, d'argumenter, de participer. La judiciarisation de l'exercice médical, et par extension celle de la décision publique en matière de santé, en portera la mesure**. En ce début de XXIe siècle, un processus de « viralité » générateur de violence médiatique,

* La situation a connu des précédents. Dans un passé éloigné, Victor Hugo, écho sonore de son siècle, a dénoncé l'impôt sur les fenêtres (loi du 4 frimaire an VII) à travers ses conséquences sanitaires désastreuses au moment de la révolution industrielle. Dans le premier livre de son roman *Les Misérables* (1890) dont l'action se déroule au début du XIXe siècle, il met dans le sermon de l'évêque de Digne, monseigneur Myriel, les paroles suivantes : « Mettez-moi de pauvres familles, des vieilles femmes, des petits enfants, dans ces logis-là, et voyez les fièvres et les maladies. Hélas ! Dieu donne l'air aux hommes, la loi le leur vend. »

** Apanage de la pensée post-moderne, le rééquilibre du colloque médecin-patient par le droit, immobile et muet, aboutit à la judiciarisation de l'exercice, étendu à la prise de décision de santé publique. La judiciarisation suppose l'établissement du contrat, qui vise à instaurer un équilibre rationnel, décliné selon la formule de Lacordaire (1849) : « Entre le fort et le faible, cognitive autant que biologique aura trouvé un cadre et une opportunité. Enfin, la crise du Covid-19 fait irruption et démasque une crise mondiale d'apparence presque invisible, qui a commencé il y a plus de dix ans et qui fait que l'émergence de cette pandémie ne renvoie pas à une crise passagère. À ce titre, 2008 aura été une année charnière puisqu'elle marque un point de non-retour dans la destruction de ressources environnementales, corollaire de décennies d'accélération de la mondialisation et de la crise énergétique[4].

Les pandémies et la divergence des temps

La crise pandémique nous adresse une réappropriation audacieuse du temps. Elle nous a révélé et a amplifié la contraction de l'espace et du temps propres au monde globalisé, qui impose un agenda unique à l'échelle de la planète.

Tout à coup la pandémie fit irruption, mue par la séquence de ses trajectoires cruelles, avec son cortège de larmes et de deuils, s'égrenant dans les favelas de Sao Paulo ou de Rio sidérées dans l'incurie et la pauvreté jusqu'à l'alignement des mises en terre sans nombre dans les terrains vagues oubliés des confins de Long Island. Le temps était venu « où les deux battants de la porte se ferment sur la rue, quand s'abaisse le bruit de la meule, où l'on se lève au chant de l'oiseau, où s'affaiblissent toutes les filles du chant » (Qohelet 12, 4).

---

entre le riche et le pauvre, c'est la liberté qui opprime et la loi qui affranchit. »

À la sonnerie du cor attestant ce choc de l'histoire résonnait l'écho presque discordant de villes désertées et de régions chinoises soumises à l'isolement en quarantaine. À peine entendu, c'est la planète entière dont l'horloge s'est arrêtée, comme l'écrit le poète dans un « Temps attelé, suspendu aux plaintes, mêlant [...] le bruit des grues au printemps suspendu, [...] le corps cherchant encore une porte œuvrant la ville plus légère[5] ».

Le tempo composant les tenants de l'irruption de la pandémie s'est invité telle une appogiature dans le rythme des pulsations battues par les temporalités produites sous la férule d'un temps contracté. Sauver le temps de la frénésie de l'instantané : la pandémie nous renvoie à la recherche du temps perdu, du temps soustrait et du temps à restituer ou à laisser... au temps.

Dans le monde globalisé, la distorsion du temps s'exprime par l'irruption de l'instantané et la prééminence du court terme. Dans la réponse à une crise, l'immédiateté prévaudra volontiers sur le politique (ce qui gouverne) ou en partie sur l'impératif économique (la main du marché). L'irruption de l'immédiat se heurte néanmoins à une réalité de premier ordre, celle de l'acception de la finitude de la vie (et de l'humain), qui n'est appréhendable et revendiquée que dans la perspective du moyen ou long terme. C'est également en dehors de l'immédiateté que se construisent certaines des réponses tempérant la douleur du monde, telles que la préservation du bien commun et la justice de partage des ressources ou encore la prise en compte de la limite environnementale. Cette réponse conjugue l'urgence sanitaire, sociale, culturelle et salutaire avec la revendication d'une résilience transformée en persévérance et vivifiée par l'espérance. Il s'agit même d'un prérequis à la gouvernance de l'imprévisible, l'imprévisible qui engendre les larmes des choses sur une planète qui ne peut plus être spoliée de ce qu'elle ne peut plus donner, ni supporter ce qu'elle ne peut plus subir.

Les déclinaisons d'un temps réapproprié sont autant de dons et de remèdes au cours d'une épreuve. Le temps réapproprié renvoie au temps dramatique des cultures, lui aussi animé par la naissance et la mort, à la différence du temps cumulatif soumis aux progrès impitoyables des techniques, dont le concept a été développé par Paul Ricœur*. Encore et selon la formule remarquable de saint Grégoire de Nysse : « Chercher n'est pas une chose et trouver une autre[6] », nous sommes également renvoyés à une expérience très concrète constitutive de la réponse donnée à la pandémie. Ainsi, c'est à ce temps restauré, asynchrone à celui du décideur ou de la médiatisation immédiate ou ininterrompue, que renvoie le temps forcément décalé dévolu à la recherche scientifique, essentielle, humble mais audacieuse, assumant et même revendiquant sa part d'incertitude.

À la fin, les battements du temps long, laissant les choses se révéler librement, nous instruisent sur le chemin menant vers l'appropriation de notre propre création et de son corollaire, notre vocation, avec comme

* « Autre le temps cumulatif des techniques qui se sédimentent et s'additionnent, comme si l'humanité n'était qu'un seul homme, autre le temps discontinu des cultures et des arts, rompu par la naissance et la mort, où tout doit en quelque sorte recommencer à chaque fois » (Ricœur 1951).

seule arme au poing l'humilité du cœur, retourner au Commencement et à son auteur, retourner à Dieu.

La lumière et l'espérance à travers la brèche du monde

Inscrit dans le temps entre naissance et passage du seuil, le propre de la vie est de l'ordre du don et derechef renvoie au fait d'être restitué. Nous nous retrouvons là aussi éloignés d'une dialectique de la préséance de la production, propice au mythe de l'homme augmenté, voire d'une promesse captative d'immortalité. Les crises nous rappellent que l'homme ne dispose pas de la faculté de s'auto-diviniser. Selon l'adage des Pères de l'Église, cette illusion est le cœur du péché ancestral et jusqu'à nos jours de tous les faux messianismes, de l'État, de la race, de la classe, de la technique, et c'est même la toute première arme de l'adversaire, de l'accusateur, du Satan.

Inscrit dans le temps entre naissance et passage du seuil, le propre de la vie trace un chemin assumant et même revendiquant vulnérabilité, faiblesse (cf. deuxième épître aux Corinthiens 12,10) et finitude (cf. Psaumes 103, 15-16 et 104, 29) en autant de relèvements et de marques, de signes, de manifestations du projet et de l'œuvre de la sagesse créatrice de Dieu. L'heure est venue que l'homme s'inscrive dans le Vivant.

À vue humaine, le patrimoine des arts et lettres a tenté d'en porter témoignage. Par exemple, le cinéma de la Nouvelle Vague a produit en 1962, à travers l'œuvre poétique de Chris Marker *La Jetée*, un plaidoyer résolu de la puissance créatrice toujours à l'œuvre au plus profond de la désespérance et de l'anéantissement. Sur un fond de catastrophe, l'ode à un amour oblatif y aligne mondes et états de l'être, le temps conjugué au passé et au futur, l'espace confiné par des murs de séparation mais qui sont également porteurs des marques, des stigmates de la vie. Le scénario y inscrit la confrontation entre les sous-sols et catacombes d'un Paris dévasté et la jetée d'Orly résolument ouverte vers le ciel, en vue d'une rencontre et d'un départ fût-il incertain, improbable ou désormais inutile, tel le passage, la berge ouvrant l'embarquement du voyage vers « l'autre rive » (Marc 4, 35)*.

S'agissant de la faiblesse, le pari du chrétien y trouve fondement et espérance à travers l'image de l'Agneau pauvre, juste et victorieux porté par un ânon modeste mais docile (cf. Matthieu 21, 1-11) et également à travers celle du Lionceau endormi puis relevé, annoncé par le patriarche Jacob dans son ultime bénédiction à ses fils (cf. Genèse 49, 9). À la suite du Messie humble et

* L'homme « marqué par une image d'enfance » appelle le passé et l'avenir au secours du présent. Il choisira qu'on lui rende le monde de cette image et être renvoyé pour retrouver la femme au bout de la jetée d'Orly « qui l'attendait peut-être » et où « elle l'accueille sans étonnement. [...] Leur Temps se construit simplement autour d'eux avec comme seuls repères [...] les signes sur les murs ». En éloge à la Création, il sera l'homme mort dans la foule « parce qu'on ne s'évadait pas du Temps et que cet instant qu'il lui avait été donné de voir enfant, et qui n'avait pas cessé de l'obséder », c'était celui de son propre passage du seuil (in Chris Marker, livret du DVD *La Jetée*, Sans Soleil, 2003).

pauvre, nous, croyants, sommes en Église une communauté de pauvres dont la faiblesse et la fragilité laissent éclater la puissance du Dieu sauveur. S'agissant de la faiblesse, elle nous est adressée en temps de pandémie à travers plusieurs exemples. Ainsi dans le temps de l'année 2021, après trois confinements, un temps ininterrompu de restriction de la vie sociale, culturelle et économique, nos sociétés et nous-mêmes sommes frappés de fatigue pandémique. Elle entre en collusion avec la métaphore audacieuse d'une autre fatigue pandémique, celle portée par le virus responsable de la pandémie lui-même. Cette métaphore trouve prétexte dans l'émergence des variantes antigéniques du virus et renvoie en partie à la tentative de contournement de la part de l'agent face à l'acquisition de la protection des populations humaines. En effet certaines variantes moléculaires du virus sont porteuses de mutations génétiques suspectes d'être pourvoyeuses d'un échappement immunitaire post-infectieux ou post-vaccinal. Leur évolution, aléatoire, est peut-être à notre échelle celle d'un nouveau défi à relever. Pour l'autre partenaire de cette confrontation, le virus pandémique, la fatigue pandémique peut être celle d'une évolution sélective, issue de la production de glissements génétiques inéluctables et permanents, telle la génération des effets d'un péché ancestral, ou bien le signe avant-coureur, bruyant et paradoxal d'une stabilisation, d'un épuisement, d'une impasse, d'une convergence assortie d'un goulet d'étranglement évolutifs, telle une ultime manifestation à l'image résignée d'un chant du cygne. À travers la confrontation de deux fatigues, de deux voire plusieurs incertitudes, nous sommes là aussi convoqués pour passer de la résilience à la persévérance, soutenus par l'espérance. Car face à la fatalité, au malheur, la réception confiante de la faiblesse et de la finitude devient elle aussi une fissure, mais cette fois-ci l'ornière par laquelle la Providence va tracer son chemin, un chemin de vie et d'irruption de la lumière tracé à travers nos pauvretés et également nos libertés.

De la liberté de l'homme nouveau

La liberté de l'homme est convoquée à l'agenda du programme de notre chemin à l'heure des épreuves et des pandémies. Les Pères nous ont précédés et transmis la sagesse de cette expérience unique et salutaire, fondée sur la confrontation avec le désastre causé par les épidémies qui se sont répandues dans le passé. L'enjeu théologique posé par les pandémies est celui des rapports entre le plan de Dieu, la foi et la marche naturelle du monde[7]. Cet enjeu interroge la causalité de calamités d'autant plus accablantes qu'elles frappent indifféremment, y compris des hommes de sainteté tels saint Pacôme et nombre de moines du désert de Thébaïde lors de l'émergence de la peste de Justinien au VIe siècle en Égypte[8]. Un Père de l'Église directement confronté au fléau, saint Anastase le Sinaïte, moine et défenseur de la foi du concile de Chalcédoine, mais également médecin issu de l'école hippocratique, a élaboré une pensée théologique mesurée et inspirée dans la droite filiation de celle de saint Basile de Césarée et de saint Jean Chrysostome[9]. Les épidémies ne sont pas le fruit de la fatalité chère au paganisme, ni une punition ou une rétribution divine, mais adressent la tentative d'un avertissement, d'un sursaut à travers lequel l'homme est appelé à produire des moyens de réponse. Ce programme est conditionné par le don de Dieu à l'homme, du bien inestimable de la liberté, du libre arbitre, de la libre détermination. Ainsi, c'est par l'exercice reconnaissant de la liberté que l'homme peut être guidé en vue de la découverte et la production de remèdes, curatifs ou préventifs, en vue de tempérer la douleur du monde. Au début du XVe siècle, au cours d'une des vagues épidémiques de la peste noire, la grande « meurtrière » (en grec to θανατικόν), la pensée de saint Anastase le Sinaïte sera développée dans l'enseignement pastoral et sous la plume de saint Marc d'Éphèse, pasteur et défenseur de la foi en des temps troublés s'ils en étaient[10]. Le désastre n'est pas envoyé telle une sorte de punition adressée par ordre divin, ni même telle la vengeance d'une nature meurtrie par les dommages dont nous l'avons accablée. Et le projet de Dieu instruit l'homme pour générer les moyens de remédier à la souffrance et à la dévastation, et en vue de produire un enseignement magnifié par l'action de grâce une fois l'épreuve résolue[11].

La liberté comme choix des possibles est une dimension inscrite au cœur du programme de notre chemin de vie. Il s'agit ici de la liberté que l'apôtre Paul qualifie de glorieuse (cf. épître aux Romains 8, 21), au travers de laquelle nous sommes appelés à accueillir Dieu pour nous diriger vers lui et vivre en lui. La liberté est sans doute – avec la prière – le plus magnifique don que

Dieu a prodigué*. À l'épreuve de la liberté, le projet de la sagesse créatrice de Dieu atteste que la nature humaine récapitule en elle-même l'intégralité de la création ; la vocation de l'homme est d'être déifié, et en se déifiant, la nature humaine déifie également le cosmos tout entier : les vivants et les morts, les animaux, les plantes, les fleuves et les montagnes, jusqu'aux anges eux-mêmes. Même si la liberté a été mise à mal par la jalousie du Satan, et notre participation à la grâce déifiante troublée par le péché ancestral, elle a été à nouveau rendue possible par le Christ. Et pour nous, croyants, c'est Jésus-Christ qui par sa Croix et sa Résurrection a guéri notre nature malade du péché et qui nous a sauvés. En nous enseignant que le commandement de l'amour est le remède salvateur, il nous a permis de retrouver l'unité avec Dieu, avec la création et avec les autres hommes. C'est l'invitation que nous dévoile l'apôtre Paul par cette parole remarquable : « Revêtez-vous de l'homme nouveau, créé, selon Dieu, dans une justice et une sainteté que produit la Vérité » (épître aux Éphésiens 4,24). L'homme nouveau est celui qui se renouvelle dans la connaissance et l'obéissance

---

* Dans l'histoire de l'Alliance, en succombant à la tentation du diable, notre ancêtre Adam a permis l'irruption de la séparation et de la caricature. Là où l'intelligence devait nous permettre de comprendre le monde, le désir d'avancer à la rencontre de Dieu, et l'ardeur d'accueillir son prochain, l'ignorance, l'amour égoïste de soi et la domination sur le prochain ont séparé l'homme à la fois de Dieu, de la création et du prochain. C'est ainsi que la nature humaine qui était une et harmonieuse s'est trouvée divisée en une multitude de parts concurrentes et antagonistes. Dans la foi chrétienne, Dieu s'incarne et renouvelle les lois de la nature.

selon l'image de Celui qui l'a créé. L'homme nouveau qui se renouvelle est celui qui s'attache par sa libre détermination à devenir fidèle à cet appel souverain et gratuit, lorsque la liberté de l'homme se conjugue avec la liberté de Dieu. En reprenant les propos du cinéaste Chris Marker concernant le film *Le Sacrifice* réalisé par Andreï Tarkovski, c'est bien par fidélité à une promesse que le quotidien du personnage central de l'œuvre aura basculé dans l'absolu[12]. Car l'ombre est notre rapport absolu à la fidélité.

Au cri du silence de Dieu

Ainsi, qui parle de liberté et de son appropriation nous renvoie également et résolument vers la Vérité et sa réception. Cela nous est également parfaitement indiqué par l'apôtre Jean à travers son annonce : « Vous connaîtrez la Vérité, et la Vérité vous rendra libres » (Jean 8, 32).

Et cette bonne nouvelle trouvera un écho tragique au cœur de la passion de Jésus. Devant ses juges, Jésus concédera, tout en conservant magistère dans la conduite de son procès, à un dialogue avec Pilate fondé par la question : « Qu'est-ce que la Vérité ? » (Jean 18, 38).

La question de Pilate a sans doute une teinte de joute philosophique. Mais quelle qu'en soit l'apparence, la réponse parfaitement éloquente qui lui sera donnée par Jésus ouvre une perspective et un sens dépassant le cadre d'une rhétorique. Et Jésus, selon les évangélistes Marc et Matthieu, ne répondra à aucune autre question que celle portant sur sa royauté. En fait, le *Jesus autem tacebat*, le grand silence de Dieu, se posera en contre-glas d'un « jardin d'absence ». En clamant : « Écoute ! » (Deutéronome 6, 4), la réponse remplie par le silence de Dieu sera manifestée par le chemin et l'élévation volontaire de Jésus-Christ sur la croix. Ce silence nous renvoie à la confrontation avec le temps de l'épreuve, de la ténèbre, de la calamité et du malheur, et les crises pandémiques en sont un emblème. Et ce silence renvoie à un développement de l'œuvre de salut opérée dans le mystère du Christ inséparable du don souverain, volontaire et gratuit de sa vie sur la croix. Ce silence donne puissance sonore au chant du coq qui retentit jusqu'aux confins du cosmos en écho aux larmes de l'apôtre Pierre après son reniement (cf. Matthieu 26, 75). Car les larmes versées par Pierre expriment un cri d'amour et une palinodie plus éclatante encore que celle attestée plus tard à l'endroit de l'apôtre à la suite de la question adressée par le Christ ressuscité sur le don de l'amour, de l'amour comme Dieu aime, avec une abnégation et une fidélité sans condition (cf. Jean 21, 17), avec ses entrailles, ses « entrailles de miséricorde » (Luc 1, 78). Ce silence anticipe et proclame l'avènement d'un « jour d'après », qui est à la fois celui du « déjà là » et du « pas encore », celui de la Résurrection. Ce lien est exprimé par les paroles remarquables de saint Épiphane de Salamine au IVe siècle : « Un grand silence règne aujourd'hui sur la terre, [...] un grand silence parce que le Roi dort. [...] Dieu s'est endormi dans la chair pour aller réveiller du sommeil ceux qui dormaient dans les enfers[13]. » Car dans la conscience chrétienne, la mort du Christ n'est pas caractérisée par ses seules souffrances. Le salut qu'il apporte au monde n'est pas à mesurer par les affronts et les blessures qu'il doit subir et au grand cri de sa dernière parole sur la croix, tandis que les ténèbres se firent sur toute la terre. Ce temps intermédiaire du silence donné comme réponse à la question de Pilate sur la Vérité est bien davantage qu'un « temps mort », et que le seul temps de deuil inscrit entre la croix et la pierre roulée du tombeau vide. Cet entre-deux est le jour où le Christ accomplit jusqu'au bout et avec obéissance l'œuvre que lui a confiée le Père, celle de conduire tous les hommes, morts ou vivants, et avec eux la création tout entière, à la plénitude de la vie. À l'heure de la pandémie, le temps de la confrontation au silence trouve écho à nos souffrances, à nos larmes, à nos peurs, aux moments non partagés d'un au revoir présentiel et à nos deuils. Cette entremise trouve aussi écho à nos privations des ressources habituelles, des activités ordinaires et de leur dispersion. Cet entre-vie trouve encore écho au silence de plein ciel, assourdissant, de nos villes désertes qui de par la planète, au moment du premier confinement au printemps 2020, renvoyaient l'image sidérée d'un monde qui aurait disparu. Il nous révèle à nous-mêmes comme pauvres et pécheurs, en quête de la conversion et de l'irruption de ce salut. Et dans le même temps, le temps du silence nous instruit comme veilleur qui adresse son injonction au Seigneur lui-même au temps de son Repos : « Seigneur, réveille-toi ! » (Marc 4, 38).

Le temps du silence est mémoire et action de grâce pour un amour qui n'a pas craint de traverser l'obscurité de la mort et de la désespérance, et qui nous rejoint en chacune d'elles. Il est invitation à savoir, à notre tour, parcourir ce même itinéraire ouvert par le Christ en personne, à travers les fissures de notre siècle, de nos enfermements et de la déréliction des ténèbres. À l'aide de sa lecture des Écritures, la foi de l'Église affecte un sens à la mort du Christ cohérent avec son ministère public. À l'heure de l'épreuve et de la calamité, la foi de l'Église en a fait un temps de rencontre avec les plus démunis et de solidarité avec ces peuples que l'on repousse aux limbes de l'humanité, un temps d'espérance, de réception du pardon, un temps de la proclamation de la Parole, là où elle n'avait pas encore retenti, en premier lieu à travers l'au-delà du fond de nous-mêmes. « Et sur ce roc » (Matthieu 16, 18), la Providence nous enlace, en contrepoint à la rencontre de Jacob avec l'Ange, la nuit durant et jusqu'à l'aube, bouche à bouche, face à face, corps à corps (cf. Genèse 32, 22-32). Dans son étreinte, la Providence nous ouvre la voie du pardon, nous renouvelle, nous illumine, nous accomplit, comme ont resplendi la bouche, le visage et le corps tout entier animé de Julien dans les *Trois Contes* de Flaubert, telle qu'en atteste l'histoire, « telle qu'à peu près on la trouve, sur un vitrail d'église, dans mon pays[14] ».

La fraternité et la louange à travers la brèche du monde

La pandémie n'a pu empêcher l'irruption d'autres possibles parmi lesquels celui de la fraternité. Cette brèche se met alors en travers du désespoir, éclairant ainsi la parole de Victor Hugo dans *Les Misérables* : « étonner la catastrophe par le peu de peur qu'elle nous fait ». Si le malheur, le mauvais hasard profitent du désordre du monde, l'irruption de l'espérance en rétablit et renouvelle les lois. L'irruption de la fraternité à travers les fissures du monde pourvoit le don et la multiplication du Pain, du Pain partagé et qui comble de bien les affamés (cf. Luc 1, 53), du Pain venant de l'ailleurs de nos murs*, de nos murs de confinement, de nos murs de séparation (cf. épître aux Éphésiens 2, 14). Aux heures de malheur, le pire n'est jamais certain, et « la saveur du pain partagé n'a point d'égale », témoigne Antoine de Saint-Exupéry[15].

Au temps de la pandémie, l'apôtre nous exhorte à ne pas déroger à l'urgence constituée par le commandement salutaire de l'amour, lorsqu'il nous enjoint d'ouvrir nos murailles, de nous défaire des peaux enserrant notre cœur (cf. épître aux Romains 2, 28-29). Et l'irruption de la grâce qui révèle l'amour par la communion (cf. deuxième épître aux Corinthiens 13, 13) à travers les fissures de nos murs ouvre la voie à la réception du miracle et anéantit la peur (cf. Luc 5, 1-11). Une

---

* L'image du mur est ancrée dans la mémoire des épidémies. Le mur porte la figure de la confrontation entre l'enfermement extérieur et la liberté intérieure. Dans l'histoire de France, une image fondatrice en est donnée par le « mur de la peste », un rempart sanitaire édifié dans les monts du Vaucluse lors de la grande peste de Marseille en 1720, afin de protéger le Comtat Venaissin, un des territoires pontificaux. Avec la distance requise, l'image du mur interroge la pérennité des mentalités à travers les siècles et rappelle que certains événements présents soi-disant inédits ne sont que l'écume de temporalités plus profondes.

sentence de la mystique juive atteste qu'en appliquant le regard à travers les fissures, les interstices du mur des Lamentations, de l'*HaKotel*, à Jérusalem, est manifestée la vision lumineuse de « la rose du Sharôn, du lys dans la vallée » (Cantique 2, 1). Ainsi l'âme devient une maison de prière lorsque le souvenir continuel de Dieu y est célébré. L'irruption de l'amour transforme nos murs eux-mêmes en faisant de la pierre de taille ou même de la pierre rejetée une pierre vivante et du mur de pierre un mur de lumière (cf. première épître de Pierre 2, 5).

« À temps et contretemps » (deuxième épître à Timothée 4, 2), la prière est le bien inaliénable adressé au pèlerin sur son chemin. La prière et l'heure liturgiques sont une image de l'obstination attestée par l'apôtre, un modèle quasi parfait puisqu'il épouse le rythme du temps de la création donné par la lune et le soleil, par les étoiles et les saisons. Dans les situations les plus inédites et contraignantes, l'action de grâce continue à être proclamée en vue du salut à l'aune de l'urgence, la nécessité et l'efficacité. En d'autres temps, la prière d'offertoire adressée par Teilhard de Chardin témoigne de l'abnégation propre à ces circonstances d'ordre exceptionnel : « Puisqu'une fois encore, Seigneur, dans les steppes d'Asie, je n'ai ni pain, ni vin, ni autel, je m'élèverai au-dessus des symboles, jusqu'à la pure majesté du Réel, et je vous offrirai, moi votre prêtre sur l'autel de la terre entière, le travail et la peine du Monde[16]. » En situation de restriction temporaire de sa célébration publique, la prière de l'Église reste interrompue, parce que l'assemblée des disciples reste, au-delà des circonstances et jusqu'à la consommation des temps et l'avènement de l'éon nouvel et éternel, convoquée et réunie par l'Esprit pour faire anamnèse et annoncer en contre-glas à la pandémie un an de grâce du Seigneur (cf. Isaïe 61, 1-2). « Ni mort, ni vie, [...] ni présent, ni avenir ne pourra nous séparer de l'amour de Dieu » (épître aux Romains 8, 38-39).

« Garde ta lampe allumée » (Matthieu 25, 13)

Le temps des heures sombres qui s'imposent dans le siècle est « le temps où l'amandier fleurit » en préalable et primauté à celui « où la sauterelle devient pesante et où la câpre n'a plus d'effet » (Qohelet 12, 5). Une déclinaison en hébreu de l'amandier, l'arbre qui se hâte de fleurir en premier pour annoncer la fin de l'hiver, découle du verbe hébreu *'shakad'* (הקאש) qui renvoie à « veiller, se mettre en mouvement ». Ainsi, dans les prophéties de Jérémie, le Seigneur va donner au prophète la vision d'une branche d'amandier et lui adresse la parole : « Tu as bien vu, car je veille sur ma Parole pour l'accomplir » (Jérémie 1, 12). Plus tard, dans le Second Testament, c'est à l'homme que Jésus le Sauveur adressera et à moult reprises l'exhortation de garder, de veiller sur sa Parole, car il s'agit d'une « Parole vivante et efficace » (épître aux Hébreux 4, 12) et d'« une lampe à mes pieds, une lumière sur mon sentier » (Psaumes 119, 105), avec parmi tant d'autres la salutaire formule : « Amen, amen, je vous le dis, si quelqu'un garde ma Parole, jamais il ne verra la mort » (Jean 8, 51).

Le temps de l'épreuve est donc une vigile, c'est-à-dire un temps de veille, d'une veille faite à la fois d'attente et d'espérance et également de quête et de cheminement. On se souvient que le Christ a exhorté ses disciples à être des veilleurs et à prier avec persévérance. Ce temps de veille reprend à son compte les prières de nuit au cours du ministère de Jésus. Il invite également à s'unir à la supplication du Christ à Gethsémani : « Veilleur, où en est la nuit ? » (Isaïe 21,11). Rassembler sans céder à l'enfermement d'un « jour sans fin », ni se soustraire ou s'égarer dans le rêve d'un « jour d'après » amnésique et insouciant : le veilleur fait mémoire du « jour où il n'y aura plus de larmes [...] ni lune pour éclairer la nuit, ni soleil pour présider au jour » (Apocalypse 21, 4 et 22, 5). Au questionnement du psalmiste : « Qu'est-ce que l'homme pour que tu te souviennes de lui ? » répond la salutaire pédagogie inspirée par la divine contradiction : « Tu l'as fait de peu inférieur à Dieu, et tu l'as couronné de gloire et de magnificence » (Psaumes 8, 4-5). Dans le temps présent, elle nous rappelle notre vocation de gardien de la création dans la perspective de sa consolation et de son accomplissement, et nous convoque dans la louange par une stance pascale : « Sion, danse pour tes veilleurs[17]. » Nous sommes les ancêtres du futur.

« Et je me rappelais, l'oreille posée à même la terre, avoir entendu passer demain » (sentence bambara).

NOTES

1. Malvy, Gaüzère et Migliani 2019.

2. « Historia… magistra vitae ». Marcus Tullius Ciceron, *De Oratore* (Dialogue de l'Orateur), 2, 36.

3. Cf. Chris Marker, *Une journée d'Andreï Arsenevitch*, film documentaire produit par AMIP, La Sept-Arte et Arkéïon Films, France, 2000.

4. Watts, Amann, Arnell, Ayeb-Karlsson, Beagley, Belesova *et al.*, 2020.

5. Ezzedine, à paraître.

6. Saint Grégoire de Nysse, *Homélies sur l'Ecclésiaste*, XL, IV, 720c.

7. Congourdeau 2020.

8. Congourdeau 2017.

9. Congourdeau 2020.

10. *Ibid.*

11. *Ibid.*

12. Andreï Tarkovski, *Le Sacrifice* (*Offret*), produit par Svenska Filminstitutet, Argos Films et Film Four International, Suède, France et Royaume-Uni, 1986.

13. Saint Épiphane de Salamine (315-403, Chypre), *Homilia de sepulcro Christi.*

14. Flaubert 1885.

15. Saint-Exupéry 1942.

16. Teilhard de Chardin 1965.

17. Titre du choral central « Zion hört die Wächter singen » (« Sion entend les veilleurs chanter »), de la cantate *Wachet auf, ruft uns die Stimme* (Réveillez-vous, nous crie la Voix), BWV 140 (connue sous le nom de *Cantate du Veilleur*), composée par Jean-Sébastien Bach en 1731 pour le vingt-septième dimanche après la Trinité. Le texte se fonde sur la parabole des dix vierges dans Matthieu 25, 1-13.

L'hésitation éclairée, la contradiction réfléchie

*Haim Korsia**

Le temps du Covid-19 fut un exercice d'une grande complexité dans lequel nous avons appris, au fil de l'eau, à nous adapter à des situations incroyables et jamais même imaginées. Et lorsque nous apprenions enfin quelque chose, on nous disait brusquement : « Ce n'est pas bon » et il nous fallait aussitôt désapprendre et apprendre à refaire autrement. Au fond, le plus difficile fut peut-être d'accepter d'apprendre en permanence et de ne pas dire cette phrase magique et définitive : « Je sais. » Tout comme nous aurions parfois aimé entendre de la bouche des « sachants » en blouse blanche qui occupaient tous les écrans télé et les plateaux cette simple phrase : « Je ne sais pas. »

Nous avons en effet vécu en permanence dans des systèmes d'injonctions paradoxales. À ce propos, j'ai retrouvé une note que j'avais adressée à toutes les synagogues et communautés juives de France. Très tôt, le 4 mars, je demandais expressément que les gestes barrières soient pratiqués lors des cérémonies et des offices

* Grand Rabbin de France et membre de l'Institut.

dans toutes les synagogues de France. J'y interdisais aussi les repas en commun, y compris pour la fête joyeuse de Pourim*. Mais rétroactivement, je commets une faute, celle de dire : « Pas d'affolement, pas besoin de masque. » Nous étions le 4 mars, et personne ne nous disait alors que le masque était protecteur. Mieux, on nous expliquait le contraire, peut-être parce que les soignants en avaient besoin. Il a fallu ensuite apprendre à être humble et dire que l'on s'était trompé.

Cette pandémie fut incontestablement une épreuve, y compris dans une lutte autour des mots. Je me suis ainsi opposé au plus haut niveau à l'utilisation de la formule « distanciation sociale », lui préférant celle de « distanciation physique ». En effet, c'était justement les liens sociaux et la proximité sociale dont nous avions besoin. Cette proximité sociale, nous l'avons expérimentée dans les conférences, les offices et les cérémonies tenus grâce à Zoom, ce nouvel outil numérique faiseur de *minian***. Avec ce basculement du présentiel au numérique, il ne s'agissait pas tant de remplacer que de réinventer des fonctionnements qui existaient déjà. Mais si Zoom a permis le maintien des liens nécessaires à la vie quotidienne, les choses se passèrent de façon moins inventive pour protéger les personnes âgées que l'on s'est mis à éviter sans toujours se rendre compte

* Fête juive en rapport avec les événements décrits dans le livre d'Esther – et repris dans la pièce de Racine. C'est une fête carnavalesque qui suscite des rassemblements joyeux.

** Dans le judaïsme, le *minian* est le quorum de dix hommes adultes nécessaire à la récitation des prières les plus importantes de tout office ou de toute cérémonie.

du coût humain que cela impliquait. Mais nous avons aussi vu apparaître de nouvelles solidarités, de nouvelles fraternités qui ont pallié les absences des familles lors des obsèques par exemple, mais également dans la vie quotidienne dans des gestes aussi simples que faire ses courses ou juste... recevoir une visite.

De l'épreuve, nous devons tirer des enseignements, d'autant que la notion d'enfermement n'est pas tout à fait absente de certaines de nos références religieuses, sans doute comme dans toutes les religions. Je pense à ce passage du Talmud où un rabbin reste treize ans dans une grotte, confiné en quelque sorte, pour échapper aux Romains. Ici, le confinement s'associe à la résistance. Je pense aussi à cette sagesse talmudique qui nous dit bien qu'en cas d'épidémie, une part de la solution réside dans l'enfermement. Et le principe de la fête de Pâque n'est-il pas de sortir de l'enfermement vécu en Égypte pour arriver à une délivrance ? Mais les gens acceptent plus facilement l'enfermement quand celui-ci est associé à une promesse de libération. Alors oui, pour nous, ce fut la délivrance du 11 mai... mais sans que cette délivrance soit complète car on nous expliqua finalement que ce serait début juin, voire mi-juin... Ces hésitations font partie de l'arbitrage qu'il est nécessaire d'opérer entre la protection de la vie et la non moins nécessaire pulsion de vie à retrouver. Il a fallu apprendre l'hésitation éclairée et la contradiction réfléchie.

Déculpabiliser

Il a fallu proposer des alternatives aux personnes qui se reprochaient de ne pouvoir vivre les moments religieux et spirituels qui auparavant faisaient partie de leur quotidien. Ainsi de Yom Kippour, le Grand Pardon. J'avais l'impératif majeur de déculpabiliser les gens qui ne pouvaient pas aller à la synagogue. Les déculpabiliser, c'est-à-dire leur expliquer qu'ils accomplissaient une bonne action en ne venant pas : « Vous protéger quand vous êtes âgés, fatigués, malades, lorsque vous avez peur, c'est une *mitzvah*, un commandement moral, à savoir une bonne action, et j'ai puisé cela dans la Bible : inclure ceux qui ont peur avec les personnes à risque. Moïse demande au peuple de combattre contre ses ennemis et il rassemble tout le monde. L'adjoint du grand prêtre dit au peuple : « Quel est l'homme qui a construit une maison et qui ne l'a pas habitée ? Qu'il n'aille pas à la guerre de peur qu'il meure à la guerre et qu'un autre habite la maison qu'il a construite. Quel est l'homme qui a épousé une femme et qui n'a pas vécu avec elle ? Qu'il n'aille pas à la guerre de peur qu'il meure à la guerre et qu'un autre épouse la femme qu'il devait épouser. Quel est l'homme qui a planté une vigne et qui n'a pas vu les fruits ? Qu'il n'aille pas à la guerre de peur qu'il meure et qu'un autre boive les fruits qu'il a plantés. » Et on continue : « Quel est l'homme qui a peur ? Qu'il sorte et qu'il n'aille pas à la guerre de sorte de ne pas transmettre sa peur aux autres. » Et le commentaire de Rachi, le célèbre rabbin champenois, précise : « Celui qui a épousé une femme, celui qui a planté une vigne, celui qui a construit sa maison, c'est juste pour ne pas faire honte à celui qui a peur. » Parce que si Moïse disait seulement : « Celui qui a peur sort des rangs ! », qui va oser sortir ? Personne. Alors que si Moïse dit : « Celui qui a planté une vigne, celui qui a construit une maison, celui qui a épousé une femme, celui qui a peur, sortez », quand vous sortez, on ne sait pas pourquoi. Pour ne jamais désigner les gens comme des peureux, comme une charge pour la collectivité, comme un poids, il fallait les déculpabiliser et il faut le faire encore aujourd'hui. Mais comment le faire ? En leur disant : « N'ayez pas peur. Priez chez vous, à la maison, c'est aussi une forme de prière, comme celle que font les malades. »

Comment alors expliquer ensuite à ces mêmes personnes qu'à un moment, il faut retourner à la synagogue ? D'autant que j'ai passé mon temps à expliquer que prier à la maison était formidable… Il m'a fallu adapter mon discours sur le temps long, parce qu'il y avait un moment où il fallait que je dise : « Priez chez vous au même moment que les offices publics et vous serez bénis », et un autre moment où je dois pousser les uns et les autres à revenir dans nos lieux de culte. De la même façon, j'ai adressé une lettre pastorale à l'ensemble des communautés, des rabbins, des présidents d'association et via les réseaux sociaux, juste avant Kippour, en leur disant : « Quand vous êtes chez vous, c'est une bonne action parce que vous vous protégez donc vous protégez les autres. De plus, votre maison est comme un petit temple, donc pas d'angoisse si vous n'êtes pas à la synagogue. » Mais aujourd'hui, il faut reprendre le mouvement de la vie. Nous sommes aujourd'hui forcés à la fois de déculpabiliser ceux qui ne doivent pas venir, ceux qui ne veulent pas venir, et de continuer à mobiliser ceux qui doivent et peuvent venir et les rassurer. Pour Kippour par exemple, un jour où la fréquentation des synagogues est intense, en particulier en fin de journée, les choses se compliquent parce que des présidents de communauté ont fait le choix de fermer tout simplement leur synagogue, et cela est tragique. J'avais fait au contraire le pari de la discipline, et objectivement nous avons gagné car il y a eu une mobilisation de tous. On dit parfois que les juifs sont indisciplinés, et quand on est juif et français, c'est encore pire puisque dès qu'on est français, on est rebelle ! Au contraire, je peux vous dire que les fidèles ont été extraordinairement disciplinés à Kippour. Certes, deux grandes synagogues ont fermé car elles ne s'estimaient pas capables de faire respecter l'espace exigé entre les fidèles, les masques, le gel et toutes les mesures drastiques déployées, y compris la réservation obligatoire de sa place. Qui dit espace de sécurité dit moins de monde dans la synagogue, mais comme j'avais demandé aux personnes âgées, fatiguées, malades et à risque de ne pas venir, cela faisait du monde en moins et donc un équilibre. En somme, s'il y a certes eu des comportements irrationnels, tant qu'on nous a expliqué et que cela a été compris, il y a eu une forte unanimité de la Nation, ce qui est tellement rare en France. Mais s'il y a en permanence des « paroles divergentes », cela devient impossible. Par exemple, le gouvernement a dit : « On va faire un grand plan de relance, cent milliards, on va investir, etc. » La relance, cela veut dire qu'on redémarre. Mais en même temps, on nous a dit : « On arrête ces activités, cela on sait pas, ceci on ne peut pas, là on ne sait pas. » Et donc personne n'a pu prévoir son activité et sa propre relance car on ne peut comprendre ce qu'on nous demande si c'est toujours paradoxal.

À ce propos le Talmud dit une chose magnifique. Nous savons qu'il nous faut un vin autorisé car y est attachée une sacralité particulière. Les rabbins ont voulu interdire de la même façon l'huile car c'est aussi un élément sacré, après tout. Mais le Talmud tranche : « Le vin, le peuple a accepté. L'huile, ils ont dit non. » Nous pouvons donc consommer l'huile sans problème. Pourquoi ? Parce que parfois on demande des choses au peuple et il n'accepte pas, et il faut savoir revenir en arrière. Ce fut très précisément l'enjeu du moment : que pouvait accepter le peuple de France ? Ce ne sont pas tant les données objectives qui comptent mais la projection de ces données dans le futur. Nous voyons cela dans le Deutéronome XXVIII, 67 : « Le matin tu te diras qui me donnera un soir et le soir tu diras qui me donnera un matin. » Il est important d'être capable de limiter l'aléatoire et de donner des consignes claires qui, en fait, engagent à la vie, parce que la vie c'est le risque, et sans risque il n'y a pas de vie. Voilà pourquoi le Talmud dans le traité *Kala Rabati* dit : « Aime ce qui est en potentiel et déteste ce qui est béni », c'est-à-dire connu, limité. On s'est trouvé dans cette situation où il fallait être capable d'ouvrir des potentiels et les concilier avec des mesures de protection. Il s'agissait d'être draconien sur le respect de ces mesures de protection tout en sachant donner la possibilité à chacun d'avoir un avenir, un horizon.

Ni sanction ni complot
Une expérience (presque) commune

*Dan Arbib**

« *Had gadia, had gadia*, un chevreau, un chevreau que mon père avait acheté pour deux sous ! » Les juifs connaissent bien ce chant qui clôt les soirées de Pâque. Tout commence par l'achat d'un chevreau, mais le chien arrive et mange le chevreau, que mon père avait acheté pour deux sous ; puis le chat mord le chien, qui avait mangé le chevreau, que mon père avait acheté pour deux sous ; puis le bâton tape le chat, qui avait mordu le chien, qui avait mangé le chevreau, que mon père, etc. Qu'elle est bête, la vie, avec ses interminables séries de causes et d'effets ! Mais ici tout finit bien, puisque, en bout de chaîne, Dieu tue l'ange de la mort et rachète, d'un coup d'un seul, le non-sens total de ces péripéties.

Comparable à cette fable, la pandémie fut durant les premiers mois la sombre histoire d'une chauve-souris ; puis vint le pangolin, qui mange la chauve-souris ; puis le Chinois qui mange le pangolin, qui a mangé la chauve-souris, etc. La pandémie fut d'abord l'expérience d'une

* Spécialiste de philosophie moderne et d'études juives et enseignant de philosophie à l'École normale supérieure.

chaîne causale absurde. Tout commença donc ainsi : un pangolin dévorant une chauve-souris quelque part à l'autre bout de la planète – ce fut là notre « nez de Cléopâtre » : et, oui, la face de la Terre en fut effectivement changée. Les plus grands bouleversements dans les petits détails, le tout dans le rien. Voilà pourquoi, dès mars 2020, tous se précipitèrent à la recherche du sens – précisément parce que tout cela était insensé, parce qu'un tel chaos ne devait ni ne pouvait demeurer totalement dépourvu de signification. On chercha donc à sortir de l'absurde, on chercha des « messages » dont la pandémie pouvait être grosse, les intellectuels se vautrèrent dans une assez pitoyable « poésie du sens » : pendant qu'on gisait à l'hôpital ou qu'on s'entassait dans des appartements exigus, certains s'adonnaient à la contemplation émue d'un monde qui retrouvait le sens perdu. Si ce pathétique manqua de décence, n'est-ce pas parce que la pandémie elle-même en avait d'abord manqué ?

La pensée de la pandémie : la sanction

L'expérience de la pandémie fit renaître les tentatives de théodicée : *Si Deus est, unde malum ?* Et la théodicée la plus simple, la plus immédiate, la plus psychologiquement efficace, ce fut encore de faire de la pandémie une sanction, un châtiment infligé en guise de punition à notre époque pécheresse. De ce mal premier, il fallait, dirent certains, purger nos cœurs. Je ne critiquerai pareille théodicée qu'après lui avoir d'abord tiré mon chapeau : tous ses défauts ne lui ôteront pas sa caractéristique essentielle, qui est de *donner du sens*. Une peine pour un mal accompli, n'est-ce pas le début du sens ? À cette tentation, les juifs cédèrent-ils ? Ceux d'entre nous qui se tournèrent vers la religion de leurs pères y trouvèrent-ils quelque indice ? Je ne le crois pas. Peut-être y trouvèrent-ils du réconfort, j'y consens ; mais d'indice, point. Car le juif occidental vaut tout homme contemporain, et l'homme contemporain n'accepte que deux types de sanctions : la sanction synthétique et la sanction analytique. La pandémie ne fut aucune des deux.

La première forme de sanction se lie synthétiquement au mal, telle la sanction que prononce le juge en vertu du droit. Elle condamne à des peines financières ou carcérales – les deux grandes ressources de notre système pénal – quel que soit le forfait. Mais de ces peines au mal commis, on ne saurait voir de lien direct : quel rapport entre un abus de biens et une peine de prison ferme ? Voilà pourquoi nous disons la peine *synthétiquement* liée au mal : elle est toute différente de lui, elle n'a même avec lui aucun rapport direct et ne procède que d'une association (une « synthèse ») que le droit établit et que le juge met en œuvre. Or, la pandémie comme punition divine eût pu parfaitement se donner comme l'exécution d'une telle sanction : du mal accompli (la méchanceté des hommes) au mal reçu (la pandémie), le lien n'était pas direct, mais voulu par un Dieu tout-puissant, juge pénétrant les reins et les cœurs. Mais ce juge-là, nous n'y croyons plus. Ressemblait-elle, cette pandémie, aux nombreuses épidémies indiquées dans la Bible et brandies par Dieu en guise de menace au cas où nous n'accomplirions pas ses commandements ? Unanimes, nous répondions non, ou alors un timide *peut-être* ; mais cette incertitude dit l'essentiel. Nous ne pouvons plus croire qu'une épidémie sanctionne quoi que ce soit, que des milliers de morts à travers le monde soient l'effet d'une volonté divine. Reconnaissons-le : les menaces de Dieu sont sans effet, et d'abord parce que nous ne les comprenons plus. L'impitoyable diagnostic de Nietzsche touche aussi les juifs : pour eux aussi, Dieu est mort. Qu'avons-nous à faire du Dieu kantien qui apparie moralité et souverain bien ? Si tant est que nous y ayons un peu cru, comme tout le monde en Occident, c'en est fait, nous n'y croyons plus. Le juif occidental sur ce point est de son temps : pour lui aussi, la fin de la métaphysique a signifié la mort de ce Dieu-là[1]. Voilà pourquoi nous n'avons pas pu trouver dans la lettre des textes scripturaires ce qui aurait pu nous faire comprendre ce qui se passait. Devrions-nous nous plaindre de la fin de ces théodicées littéralistes ? Assurément non : ces « explications » étaient paresseuses car, trop courtes, elles lisaient trop directement la volonté de Dieu et le comportement des hommes dans les malheurs du temps ; elles étaient surtout dangereuses car elles remontaient avec trop d'assurance de l'effet à la cause – de la pandémie constatée à la perversité d'une génération, le lien établi était trop simple, dont tout théologien sérieux se méfie. Ainsi donc, les juifs se passèrent de cette explication et demeurèrent dans la question ; la pandémie se voyait d'avance privée des effets de sens qu'on eût attendus en un autre siècle ou sous d'autres cieux.

Une seconde forme de sanction toutefois se présentait – analytique : ici, la peine exige d'être pensée dans son lien conceptuel indéfectible avec le mal accompli. Son rapport au crime commis n'est pas arbitraire, il est intrinsèque : le concept de la sanction est inclus dans le concept même du forfait. Que je boive la ciguë et je serai mort : la mort alors ne m'adviendra pas comme *de l'extérieur*, mais sera liée à la ciguë de façon définitive. Dans le cas du Covid-19, certains voulurent bien soutenir que la pandémie constituait une sanction analytique. Quel mal avions-nous commis ? Eh bien, le grand péché moderne, le péché suprême, le péché au-dessus duquel il n'est point de péché, le péché qui envoie indistinctement hommes et femmes en enfer : le péché écologique. Parce que nous aurions « transformé la nature », perturbé ses mécanismes, nous aurions modifié des équilibres écologiques précaires et dérangé les jeux intimes du pangolin et de la chauve-souris ; la nature alors se serait vengée, la pandémie aurait signé le retour de la nature sur l'anti-nature, comme une justice immanente que la nature se serait rendue à elle-même. Combien en avons-nous entendu qui menaient à haute voix leur examen de conscience, pleins d'une contrition éphémère mais sincère ! Je ne crois pas cependant que les juifs aient donné dans cette componction de circonstance, et cette abstention a sans doute plusieurs motifs. D'abord cette vision charrie une vision théologique du monde à laquelle les juifs demeurent profondément réfractaires. Qui ne voit que l'écologie prend souvent aujourd'hui les allures d'un dogme, avec son Église, son clergé, ses sacrifices nécessaires et ses hérétiques ? Mais, les juifs disposant déjà d'une religion, ils se méfieront de celle-ci. L'écologie est la religion de l'homme-sans-

Dieu : religion de « la planète » si l'on veut, mais bien plutôt nouveau paganisme d'un homme qui ne peut vivre sans dieux. À ce discours de la pandémie comme punition infligée par la nature, les juifs ne cédèrent donc pas. Au surplus – second motif –, la nature trouve déjà dans la pensée juive une place assurée et les rabbins n'ont pas attendu les théoriciens de l'anthropocène pour penser la nature : Dieu mit Adam dans le jardin d'Éden « pour qu'il le travaille et le garde » (Genèse 2,15) : le travail sur et de la nature est indissociable d'un souci de conservation de la nature. Qu'il y ait encore – et notamment en France – à élaborer une pensée juive de l'écologie, je n'en disconviens pas ; mais à tout le moins les textes eux-mêmes en sont-ils déjà chargés, qu'il suffit, du moins dans un premier temps, d'aller lire. Voilà pourquoi la pandémie ne put revêtir le sens d'un châtiment analytiquement lié au péché écologique.

Ni châtiment divin d'une génération pervertie, ni revanche impitoyable d'une nature bafouée, la pandémie parut aux juifs un événement dénué de sens, absurde, tout simplement, tout bêtement – voire comme le prototype de l'événement par définition dénué de sens. Car après tout il n'est pas impossible de donner du sens à ce qui *a priori* n'en a pas, mais pareille entreprise demande un travail, du temps, du recul – bref, une distance dont nous ne disposons pas encore. Ainsi n'y eut-il point de parole juive sur la pandémie parce qu'il n'y eut pas de parole tout court : la parole nous a failli, à nous juifs, comme et parce qu'elle a failli à tous.

L'expérience juive de la pandémie : le commun

Mais, faute d'une *pensée* juive de la pandémie, y eut-il à tout le moins une *expérience* juive de la pandémie ? Non point une élaboration du sens, mais un vécu particulier, propre aux juifs dans leur ensemble, croyants ou non ? On pourra bien rappeler quelques dates : le Pourim 2020, fêté sans prudence, alors que quelques jours plus tard on allait déclarer le confinement ; les fêtes de Pâque, de Rosh Hashana ou de Kippour, enveloppées d'une atmosphère quelque peu irréelle et privées des anciens que, par sollicitude, nous maintenions à distance. Le Covid-19 fut pour nous comme pour tous une « maladie de la solidarité[2] » : par souci de l'autre, s'en tenir éloigné ; par souci des anciens, ne plus leur rendre visite. Le détachement devint la forme suprême de l'attachement. Jamais le prochain ne fut si lointain. Chacun de nous conserve à l'esprit la mémoire de ces douloureux déchirements.

Mais cette expérience fut-elle proprement juive ? Nous ne le croyons pas. Car les juifs vécurent là ce qui frappait la population entière ; dans cette aventure, nous ne fûmes pas seuls, mais avec tous. Toute mesure affectant la communauté nationale nous affectait aussi bien. Quand, aux pires heures de la déferlante récente d'antisémitisme, les synagogues durent fermer par prudence sur demande des préfets, un sentiment de grande solitude s'abattit sur les Juifs[3] ; mais quand ces mêmes synagogues durent fermer du fait de la pandémie, cette consigne apparut à tous ce qu'elle était : une mesure sanitaire, ni plus ni moins, comparable à la fermeture des cafés ou des salles de cinéma. Au reste, trois traits profondément juifs incitèrent les communautés juives à l'application stricte des consignes sanitaires. D'abord, quelque chose comme une très solide rationalité, sans doute exercée par l'étude, et une très faible inclination pour un complotisme ; d'autre part, un amour passionné de la vie, qui invite toujours les juifs à vivre comme si la mort ne leur offrait aucune promesse d'au-delà : pour les juifs, vaincre la mort, ce n'est pas la combattre *chez elle* pour éventuellement la traverser (expérience christique, si l'on veut), mais la maintenir résolument hors de la vie, et s'installer à toute force sur le plan trivial de la *vie* ; enfin, un très sincère légitimisme, une grande confiance dans l'État et ses appareils. Peut-être me trompé-je, mais ces trois qualités (car ce sont des qualités) firent que jamais les mesures gouvernementales (masques, fermeture des lieux de culte, etc.) ne parurent scandaleuses aux juifs. Au contraire même : privés de synagogues, les juifs prièrent chez eux, en sorte que le culte put parfois incidemment redevenir ce qu'il manque parfois d'être, un retour à l'intériorité, où toujours pour l'orant se découvre l'interlocuteur. Nous eûmes d'ailleurs une pensée pour nos amis catholiques : car le christianisme étant une religion sacramentelle, il était difficile que les chrétiens pussent souffrir longtemps la fermeture des églises et avec elle l'impossibilité de la communion. Mais nous ? Nous, nous traversâmes l'épreuve en faisant le dos rond, comme la majorité des Français. Ainsi, pas plus qu'il n'y eut de *parole juive* sur la pandémie n'y eut-il d'*expérience juive* proprement dite.

Du moins jusqu'à une date récente. Car deux faits épouvantables nous singularisèrent enfin. D'abord le fameux *Qui ?* qui, enflammant les réseaux sociaux, injectait à nouveau dans les esprits le poison de l'antisémitisme et rejouait le scénario bien connu dont le *Protocole des sages de Sion* constitue le paradigme quasiment parfait. Qui donc avait sinon voulu la pandémie, du moins orchestré la politique vaccinale, supposée lucrative pour les laboratoires ? *Eux*, toujours *eux* – c'est-à-dire *nous*. Au même moment, il y eut l'étoile jaune brandie par les opposants au vaccin : le passe vaccinal devenait un nouvel *Ausweis* ; les antivaccins eurent eux aussi droit à leur « Statut des juifs ». Les plus modérés appelèrent les juifs à user de leur autorité de « persécutés historiques » pour donner dans l'hyperbole contre la nouvelle « ségrégation » en place. Quant aux pires, d'un coup d'un seul ils reprochaient aux juifs d'être responsables du mal et s'autoproclamaient eux-mêmes nouvelles victimes, c'est-à-dire nouveaux juifs – ultime avatar du *Verus Israel* !

Il eût été très beau que les juifs pussent vivre cette pandémie *comme les autres*, dans l'anonymat qu'une communauté politique sage et saine devrait pouvoir assurer à ses membres. Las ! Pourquoi faut-il que toute épreuve se double, pour les juifs, de l'épreuve de l'antisémitisme ? Je ne sais, et pourtant il en fut ainsi. J'avoue me tenir trop à distance des réseaux sociaux pour porter, fût-ce au doigt mouillé, un diagnostic précis sur l'ampleur du phénomène. Mais enfin, une plaie se rouvre à la moindre éraflure quand elle est encore fraîche.

NOTES

1. Sur le rapport du judaïsme à la fin de la métaphysique, cf. Arbib 2017.

2. D. Arbib, « Le Covid-19 ou la maladie de la solidarité », *La Croix*, 1er octobre 2020.

3. Sur la condition des juifs de France, cf. Arbib 2016.

Quand la crise sanitaire révèle la citoyenneté

*Chems-eddine Hafiz**

À une époque où certaines voix cherchent à créer un antagonisme des mots – « islam » et « citoyenneté » – je veux témoigner d'une récente expérience de terrain à l'opinion publique et à nos élites, qui se laissent parfois guider vers les chemins de la facilité langagière et des approximations malheureuses dès qu'il s'agit d'islam et de musulmans.

Afin d'anticiper toute accusation de déni ou tout procès en laxisme, je tiens à souligner combien je m'inquiète des fractures de notre société et regarde notamment la question du communautarisme – qui d'ailleurs ne concerne pas que mes coreligionnaires – comme une réalité à la fois sociologique et urbanistique. Il est donc inutile de la nier même si les pouvoirs publics doivent reconnaître leur part de responsabilité quant au laisser-aller et au laisser-faire qui, année après année, font croire à certains milieux extrémistes et opportunistes qu'une partie du territoire de la République serait une jachère où semer les graines de la discorde et de

* Recteur de la Grande Mosquée de Paris.

la haine. Gardant à l'esprit les enjeux soulevés dans ce propos liminaire, je souhaite exposer en ces lignes la manière dont la crise sanitaire provoquée par la pandémie de Covid-19, si prompte à renforcer un climat de division et d'angoisse, a finalement révélé le sens de la citoyenneté de la majorité des musulmans de France.

Prendre du recul

Abordons d'abord le sujet avec du recul. Contrairement aux fantasmes, l'islam n'est pas contradictoire, par essence ou par héritage, aux valeurs de la République. Il ne s'inscrit pas dans une logique de défiance à l'égard de ses lois et s'avère totalement compatible avec la citoyenneté française. Car le Coran – nous le savons peu – enseigne la liberté religieuse de chacun ainsi que le strict respect de la loi des hommes en tout temps et en tout lieu.

Ce qui précède peut sembler démagogique et mensonger. Certains pourraient croire que ce propos relève d'une bien-pensance éloignée de la vérité de notre époque. De belles âmes – qui ne sont jamais traversées par le doute et qui n'ont que des certitudes – diront que c'est là le discours convenu du recteur de la Grande Mosquée de Paris, l'un des représentants de l'islam de France. Essayons par conséquent de viser les lecteurs empreints d'humilité et les esprits curieux pour les inviter à comprendre la réalité islamique. Cet exercice en dehors des sentiers battus, aussi périlleux et exigeant soit-il, est nécessaire pour faire taire, autant que cela soit possible, les discours populistes à l'endroit de l'islam.

Certains experts autoproclamés ou avérés, inspirés par les travaux de quelques orientalistes désuets, ont, depuis plusieurs années, décrété que l'islam serait par essence politique et que, de ce fait, il existerait une inséparabilité entre la chose islamique et la chose politique, entre le spirituel et le temporel, et donc entre les musulmans pratiquants et l'exercice politique, allant parfois jusqu'à laisser croire d'autorité qu'ils seraient par définition non seulement inaptes aux grandes valeurs universelles, mais également, par prolongement, à la citoyenneté. Cette idée n'est pas nouvelle. Elle avait forgé l'esprit de la France coloniale et avait ainsi façonné le rapport entre la République et les populations issues des colonies.

Plusieurs travaux historiques de l'époque tentaient alors de démontrer qu'il existait une incompatibilité irrémédiable entre être citoyen français et être musulman. L'« indigène musulman », pour reprendre l'expression longtemps consacrée, était perçu comme un être non éligible à la citoyenneté de par une contradiction supposée entre sa foi et les principes de la République. Précisons qu'en 1986, l'Académie française notait que le vocable « indigène » était « relatif aux populations autochtones d'un pays sous régime colonial ou de protectorat ».

En d'autres termes, le rapport entre la République et ces populations autochtones passait par un rapport de domination qui était de fait contraire à la citoyenneté puisque celle-ci libère et émancipe, cependant que la colonisation enferme et limite. Ces sujets français de seconde zone étaient ainsi privés de la majeure partie de leurs droits et libertés, notamment la liberté d'aller et venir ainsi que le droit de vote et d'éligibilité, et même de jouir du principe de la laïcité que nous dressons à juste titre comme pierre angulaire de notre pacte républicain – la loi de 1905 n'ayant jamais été appliquée dans les départements français d'Algérie.

De cette séquence historique s'est forgée dans l'esprit de l'intelligentsia française – y compris chez la plupart des universitaires et chercheurs – l'idée que le statut de musulman était antinomique avec le principe général de la citoyenneté. Cette vision s'est accentuée de nos jours avec l'émergence d'un nombre important de commentateurs – idéologisés ou politisés – qui, au jugé, soutiennent, de façon directe ou indirecte, que les musulmans ne sauraient être des citoyens à part entière. Au mieux des individus en « formation continue » qui profiteraient des droits que la République leur offre et qui refuseraient d'accomplir les devoirs qu'elle attend d'eux.

Plusieurs voix, notamment à l'extrême droite et parfois chez la droite extrême, ont installé dans le paysage médiatique des notions qui tendent à dire que les musulmans seraient des « Français de papier » que l'on différencie dans ce discours des autres Français dits « de souche », voire de ceux originaires de pays européens, voire de culture chrétienne, parfois d'appartenance plus récente à la République, mais qui sont, eux, considérés aujourd'hui comme des citoyens « à part entière ». L'idée qui véhicule la prétendue incompatibilité entre « être français » et « être musulman », voire celle qui exige des musulmans de choisir entre leur foi et leur appartenance à la nation, est donc l'un des linéaments de la politique coloniale qui marginalisait juridiquement et socialement les indigènes voulant conserver leur religion.

Historiquement, le refus de la plupart des musulmans d'adhérer à la citoyenneté est lié à ce choix cornélien auquel ils étaient soumis.

Au lendemain des indépendances, beaucoup d'immigrés ont refusé la nationalité française, non par rejet ou en raison d'une incompatibilité supposée entre l'islam et la République, mais tout simplement en raison de ce traumatisme forgé dans l'inconscient collectif musulman – surtout algérien – qui laissait croire qu'adopter la citoyenneté française était synonyme ipso facto de délaissement de sa culture, de ses traditions et de sa religion. Cette attitude de refus avait aussi été un marqueur qui définissait la résistance à l'ordre colonial.

Cet état de fait, qui trouve ses racines dans une histoire très complexe, rarement étudiée dans ses moindres recoins et de manière dépassionnée, sera récupéré plus tard par certains milieux fondamentalistes, voire islamistes, qui continuent d'instrumentaliser ce passé pour entretenir l'idée d'une impossible séparation entre l'identité politique et les autres éléments constitutifs de l'identité de chaque citoyen, notamment l'appartenance religieuse.

Une double exclusion

Cela n'a pas manqué d'installer, durant de longues années, une double exclusion : d'une part, les musulmans se retrouvaient exclus ou avaient le sentiment d'être exclus de la citoyenneté française – ce sentiment existe encore à ce jour – même lorsqu'ils étaient administrativement reconnus comme français et, d'autre part, la France observait certains musulmans la rejeter. Ce sentiment où aucun ne reconnaît l'autre continue de miner les relations entre la France et ses citoyens de confession musulmane. Il est évident qu'il faudrait mobiliser tous les moyens et toutes les énergies pour sortir de ce double rejet.

Je rappelle que l'identité est, par définition, une construction, produite et reproduite dans un contexte social et politique particulier, et non pas un élément figé qui devrait être essentialisé et réduit à une définition. Le rapport de chaque individu à son identité est si différent qu'il serait hasardeux de considérer de fait que le statut des musulmans est incompatible avec la citoyenneté. Je n'ai pas la prétention de pouvoir décrire un processus général qui touche toutes les populations issues d'une immigration provenant de pays de religion musulmane, ni tous les convertis à l'islam, qu'ils soient issus d'autres immigrations ou non.

Cela étant dit, nous devons observer avec attention les évolutions qui permettent désormais, bon an mal an, de concilier les dimensions liées à la citoyenneté et celles élaborées par les convictions religieuses des musulmans, présentées pourtant comme inconciliables. Tous les jours je constate qu'il est possible, en France, de vivre pleinement comme musulman respectant les exigences fondamentales de la religion tout en étant en adéquation avec les lois et les règles mais aussi avec les usages d'une vie moderne.

Nos élites doivent saisir cette réalité et la faire connaître à la société.

Les seuls qui ont un problème avec l'esprit de la République et leur citoyenneté sont ceux qui se reconnaissent dans les lectures extrémistes et idéologisées que tous les croyants apaisés réprouvent. Ces minorités sont d'ailleurs les mêmes qui empoisonnent la vie des sociétés musulmanes. Elles font croire depuis de longues années que la violence, y compris gratuite et barbare, serait permise en islam et qu'il suffirait d'apprendre deux versets coraniques pour devenir « sachant » et prendre les armes au nom de la religion. Elles veulent imposer des comportements relatifs aux questions d'égalité entre les femmes et les hommes ou de relations avec les autres religions, ainsi que des accoutrements d'un autre âge.

La crise sanitaire que nous traversons – et notamment la période de confinement entre la mi-mars et la mi-mai 2020 – m'a permis de constater, à une échelle importante, des éléments qui m'amènent à marquer un optimisme raisonné.

Je me souviens qu'au début de l'épidémie, lorsque nous observions tous le danger pointer à l'horizon, les milieux fanatisés essayaient d'induire en erreur les musulmans, non sans déployer une série de contre-vérités de nature complotiste et non sans convoquer toutes les formes de superstitions apocalyptiques, très prisées des milieux extrémistes. Nous avons ainsi eu droit à des thèses fantaisistes qui laissaient croire que le virus avait été inventé par des « laboratoires secrets », mais aussi à l'incontournable « punition divine » qui devait s'abattre sur notre « monde de la mécréance ».

Nous pouvions craindre que cette propagande ne

vienne induire en erreur les Français de confession musulmane, en faisant commerce de la peur avec d'autres sphères complotistes et d'autres thèses farfelues. J'étais inquiet pour la jeunesse, consommatrice de réseaux sociaux et cible des *fake news*.

Il faut le dire, les premières heures de la pandémie furent éprouvantes. De nombreuses familles furent par exemple confrontées à l'impossibilité d'accomplir le rite de la toilette mortuaire qui accompagne le dernier voyage d'un défunt ou à celle d'enterrer leurs proches dans les carrés musulmans trop limités de nos cimetières. Nous recevions, à la Grande Mosquée de Paris, quantité d'appels désespérés. Pourtant, avec une rigueur et un devoir de responsabilité irréprochables, les associations gérant les lieux de culte musulman ont fait face. Elles ont très vite et sans exception suivi la décision prise par la Grande Mosquée de Paris de suspendre toutes les cérémonies religieuses et les prières collectives, y compris la grande prière du vendredi, dès le début du mois de mars 2020, avant de fermer les portes des mosquées au premier jour du confinement – alors que les lieux de culte, soulignons-le, n'étaient pas et n'ont jamais été contraints à la fermeture.

Partout où je me suis déplacé en France ces derniers mois, j'ai pu observer cette attitude responsable et récolté les témoignages, unanimes en ce sens, des autorités publiques. Partout où je me suis déplacé, j'ai pu voir à quel point les acteurs associatifs du culte musulman se sont mobilisés pour inventer de nouvelles manières d'accompagner spirituellement leurs fidèles et pour offrir une aide humanitaire à tous celles et ceux, sans distinction, qui étaient en train de subir les contre-coups économiques de la crise sanitaire. Toutes ces personnes engagées pour le bien d'autrui exprimaient d'une formidable manière les valeurs universelles que la République et l'islam ont en partage : l'aspiration à la fraternité et à la solidarité.

Une évolution globale

Dès le début de la crise, outre la gestion des lieux de culte, j'ai commencé par ailleurs à observer l'évolution globale de l'attitude de l'écrasante majorité des musulmans de France. La plupart d'entre eux allaient se retrouver en première ligne de l'épidémie, à cause de conditions de vie précaires et de métiers déconsidérés mais incontournables pour que notre société continue de fonctionner. Qu'ils soient employés dans des hôpitaux ou des centres de santé, qu'ils soient salariés d'un Ehpad ou d'une clinique, qu'ils soient des services de nettoyage ou de voirie, qu'ils soient caissiers dans de grandes surfaces ou employés dans un service public, ces musulmanes et ces musulmans que j'ai pu croiser, parfois eux-mêmes impactés par la maladie, ont agi comme l'ensemble de leurs compatriotes, contredisant ainsi toutes les caricatures qui laissent croire que le musulman ne sait pas agir en citoyen responsable.

Ces musulmanes et ces musulmans sont apparus, sur nos chaînes de télévision, un temps débarrassées de la fièvre des débats identitaires, et ailleurs, comme des visages parfaitement normaux de notre vie ensemble. Instinctivement et spontanément, les Français de confession musulmane, que l'on continue d'observer parfois avec méfiance, ont apporté la démonstration qu'ils étaient totalement intégrés. Mieux, des résidents étrangers, non titulaires de la nationalité française, ont adopté la même attitude. Qu'ils soient musulmans ou non.

D'aucuns le reconnaissent aujourd'hui, même au sein du gouvernement qui reconnaît d'ailleurs que le courage et l'abnégation de ces personnes devaient être salués et récompensés par des procédures d'accélération de naturalisation, si elles en avaient fait la demande.

Ainsi ces femmes et ces hommes nous ont rappelé cette maxime essentielle : c'est dans les moments de vérité que la République reconnaît les siens. Durant l'épreuve historique qu'a représentée la pandémie de Covid-19, la majorité des musulmans ont fait corps avec la France. La majorité d'entre eux furent, ni plus ni moins, des Français comme les autres.

Encore faut-il que la société accepte de le voir, et que nous l'aidions à le voir, en révélant le passé et le présent avec le devoir de la vérité, comme mon témoignage souhaite modestement le faire, car il en va de notre unité et de notre avenir.

Préserver la vie
Le principe de laïcité à l'œuvre et à l'épreuve de la pandémie

*Mohammed Moussaoui**

Dans un contexte où l'information est disponible d'une manière presque instantanée et où les images amplifient considérablement les effets, la pandémie de Covid-19 a obligé les gouvernants à prendre des décisions de portée considérable dans un laps de temps très court. Le confinement de la moitié de l'humanité, l'arrêt ou le ralentissement de l'économie mondiale, l'ébranlement des systèmes de santé des pays les plus développés, la fermeture des lieux de culte et de culture et la suspension de nombreuses cérémonies cultuelles et culturelles sont des exemples de ces effets immédiats et inédits de la pandémie de Covid-19.

D'autres crises qui pèsent sur l'humanité, même si elles font l'objet de mesures pour en réduire les effets, ne sont pas vécues de la même façon. Leurs impacts ne sont pas ressentis de la même manière. Chaque année, le tabagisme tue soixante-treize mille personnes en France, la pollution de l'air quarante-huit mille, l'alcoolisme quarante et un mille. De même, le

---

* Ancien président du Conseil français du culte musulman.

réchauffement climatique n'est pas suffisamment pris en compte malgré ses conséquences dramatiques sur notre planète. L'image du corps sans vie d'Aylan, enfant kurde de trois ans, retrouvé sur une plage turque le 2 septembre 2015, a fait le tour du monde, suscité une vague d'émotion et propulsé la cause des réfugiés et des migrants au premier plan. Qu'en reste-t-il cinq ans après ?

Les signes de recul de la pandémie dans certaines régions du monde ne doivent pas nous faire oublier que d'autres régions sont encore dans son épicentre et qu'avec le déconfinement la circulation du virus s'est intensifiée dans de nombreux pays. N'oublions pas non plus qu'aucun traitement efficace n'est disponible. Les différents vaccins administrés nécessiteront sans doute des rappels réguliers et ne protègent pas complètement les vaccinés. Sans oublier que de nombreuses questions sur le virus n'ont pas encore de réponses. Penser l'après-Covid-19 ne suppose pas que la pandémie est dernière nous.

Préserver la vie d'abord

Tout en reconnaissant avec humilité la difficulté de faire des propositions concrètes sur des situations qui évoluent sans cesse et dont les données ne sont pas faciles à analyser, nous pointons ici quelques enseignements de cette crise sanitaire. Nous notons avec satisfaction que le principe de la préservation de la vie, donnant lieu à l'expression « quoi qu'il en coûte » du président de la République, M. Emmanuel Macron, a pu orienter les choix de nos gouvernants au moment où certains mettaient au même niveau de priorité la préservation de la production économique. Dans la tradition musulmane, ce principe fait partie des cinq finalités cardinales, avec le respect de la liberté de conscience et de culte, la préservation de la capacité de discernement contre toute forme d'aliénation, le respect de l'égale dignité humaine et la protection des biens[1].

La fermeture des lieux de culte musulman, la suspension des prières collectives, l'adaptation des rites funéraires et la suspension du pèlerinage vers les lieux saints de l'islam sont des conséquences de l'impératif de la préservation de la vie. Certaines de ces mesures qui apparaissaient déjà dans des références musulmanes très anciennes ont permis au culte musulman de les adopter avant même qu'elles soient rendues obligatoires par le gouvernement. Pour lutter contre les pandémies, le médecin Avicenne (Ibn Sina, 980-1037) a préconisé la fermeture des marchés, des lieux de culte et la désinfection par du vinaigre des mains et des pièces de monnaie. La suspension de la toilette mortuaire est une mesure inscrite dans les premiers livres du droit musulman. Quant à la mesure de confinement, elle est énoncée dans les livres de la tradition en ces termes : « N'allez pas dans un lieu touché par l'épidémie, et si vous y êtes ne le quittez pas[2]. » Le Conseil français du culte musulman (CFCM) s'est appuyé sur ces traditions ancrées pour édicter de nombreux avis et conseils en direction des musulmans de France.

Le texte de l'appel à la prière (*athan*) en période de pandémie est modifié en y remplaçant les expressions « Venez prier, venez pour la réussite » par « Priez chez vous ». Cela a incité le Conseil français du culte musulman, instance représentative du culte musulman, à appeler à la suspension des prières collectives dans les mosquées dès le 7 mars 2020, avant même les mesures de confinement instaurées par le gouvernement.

En ce temps de Covid-19, ces traditions enregistrées par des témoins et acteurs de notre passé nous invitent à nous souvenir et à lire ce passé au temps présent. Dès lors, le travail de mémoire sur la pandémie est à la fois utile et nécessaire.

Les mesures de protection sanitaire, qui sont essentielles pour préserver la vie et sauvegarder la dignité humaine, doivent être proportionnées pour ne pas engendrer d'autres sources de trouble de notre vie individuelle et collective. C'est le maintien difficile de cet équilibre qui fait la grandeur et la pertinence d'un système de gouvernance.

Un destin commun

L'un des grands principes mis en exergue par la pandémie de Covid-19 est la relation d'interdépendance entre les peuples et les nations. La vulnérabilité des uns se transforme inéluctablement en la vulnérabilité de tous.

Pour traduire cette interdépendance, le prophète de l'islam a comparé ceux qui se trouvent face à une difficulté et ceux qui pensent en être à l'abri à « un groupe de gens qui prennent place à bord d'un bateau ; certains obtiennent le pont supérieur et d'autres vont à l'entrepont. Lorsque ces derniers ont besoin d'eau, ils doivent passer par le pont supérieur. Si les occupants du pont supérieur ne leur facilitent pas l'accès à l'eau, ils seraient tentés d'y accéder en creusant un trou dans leur emplacement. Et si les autres les laissent faire, tout le monde fera naufrage ; dans le cas contraire tout le monde sera sain et sauf[3] ».

Les rapports entre riches et pauvres, individus et pays doivent être regardés à travers cette interdépendance. Les conflits qui ravagent des parties du globe, s'ils ne sont pas résolus avec justesse et équité, auront des répercussions sur le monde entier. La précarité sanitaire dans certains pays peut se transformer en pandémie planétaire. Ne pas trouver d'accord sur le niveau d'émission du gaz carbonique, sur le transfert du savoir-faire en matière de protection environnementale exposerait l'ensemble de l'humanité à des dérèglements sans frontières et à des mouvements massifs de populations.

Pour un développement écologique et solidaire

La solidarité qui s'est exprimée d'une manière spontanée dès le début de la pandémie, notamment dans les quartiers dits « populaires », nous enseigne qu'il est possible de bâtir une véritable société de partage où chacun pourrait trouver sa place et apporter sa contribution.

Sur le plan économique, le soutien substantiel de l'État aux entreprises à travers de nombreux dispositifs a permis d'atténuer le choc du confinement. Cependant, un réel démarrage de l'économie au service des citoyens nécessite une réorientation des activités vers l'essentiel à même d'assurer nos besoins vitaux. Ces besoins, il faut les définir dans le cadre d'objectifs et finalités collectifs. Il est temps que la finance soit au service de l'économie réelle et que le développement économique soit encadré par la préservation de l'environnement et la répartition des richesses.

Sur le plan social, il est nécessaire de revaloriser des métiers qui ont permis la continuité de l'activité de notre pays tels que les soignants, les agriculteurs, les employés des firmes agroalimentaires, les caissières, les livreurs, les éboueurs, etc. Les maisons de retraite, les Ehpad et les foyers de résidence collective se sont avérés les plus vulnérables face à la pandémie. L'enseignement à distance suite à la fermeture des établissements a mis en évidence des inégalités de chances entre les enfants de la République.

Sur le plan politique, il est temps de se libérer de la logique électorale pour pouvoir élaborer des projets ambitieux dans la concorde et l'entente entre les forces politiques de notre pays en mettant l'intérêt général au-dessus des appartenances partisanes.

Le principe de laïcité à l'œuvre et à l'épreuve

La Conférence des responsables de culte en France (CRCF) a déclaré le 30 mars 2011 que « la laïcité est un des piliers de notre pacte républicain, un des supports de notre démocratie, un des fondements de notre vouloir vivre ensemble. Veillons à ne pas dilapider ce précieux acquis ». Depuis, le dialogue entre les cultes et des cultes avec l'État s'est renforcé.

Nous notons avec une grande satisfaction que le président de la République et le gouvernement ont régulièrement consulté les cultes et construit avec eux les mesures de prévention nécessaires tout en préservant l'exercice libre du culte. Dans ses échanges avec les représentants des cultes, le président de la République a évoqué le rôle que peuvent jouer les religions dans l'accompagnement des citoyens face à la maladie, la mort, la solitude ainsi que l'impact de la distanciation physique sur le lien social.

La mise en place d'une plateforme d'écoute spirituelle et d'accompagnement en temps de confinement, suggérée par Mme Laëtitia Atlani-Duault, membre du conseil scientifique, a mis à contribution les différents cultes de France dans une action d'utilité publique. Cela a été rendu possible grâce à l'esprit du principe de laïcité. De même, pour accompagner le déploiement de la vaccination dans notre pays et lutter contre les idées complotistes, les cultes n'ont pas hésité à s'associer aux efforts des autorités sanitaires. C'est dans ce cadre qu'ils ont publié le 22 juillet 2021 une tribune interreligieuse intitulée « Être vacciné c'est être le "gardien de son frère"[4] ».

Alors que de nombreuses entreprises ont mis leurs cadres et employés au chômage partiel, les cultes ont continué, malgré leurs difficultés économiques, à faire travailler leurs ministres au service des populations en pleine pandémie et à verser leurs cotisations sociales sans aucune aide de l'État, principe de laïcité oblige ! Dès lors, n'est-il pas légitime de s'interroger sur cette différence (légale !) de traitement entre entreprises économiques et institutions religieuses ? Sur un autre registre, le manque de carrés de sépultures musulmanes permettant le respect des rites funéraires, notamment l'orientation des tombes, a plongé de nombreuses familles endeuillées dans le désarroi et l'inquiétude. Même si de nombreux maires se sont activés pour remédier à cette carence, certains ont mis en avant le statut laïque des cimetières pour ne pas apporter une solution à la détresse des familles. Le CFCM a dû rappeler sans cesse que ce statut laïque n'interdit pas aux maires, dans pareille circonstance, de manifester à leurs administrés un geste d'humanité et de compassion.

En cette période de pandémie, les religions ont œuvré pour créer du lien là où les contraintes sanitaires imposaient par leur nature la solitude et l'isolement. Le principe de laïcité, érigé trop souvent en outil de « contrôle » des religions et de leur manifestation en public par l'État, s'est distingué par sa capacité à opérer des rapprochements entre les cultes et avec les pouvoirs publics.

NOTES

1. Cf. Al-Juwaynî, Al-Ghazali…
2. Recueil de l'imam Bukhārī.
3. *Ibid.*, n° 2493.
4. « Être vacciné, c'est être le "gardien de son frère" », *Le Figaro*, 22 juillet 2021.

La crise Covid-19 et la découverte de notre vulnérabilité

*Sadek Beloucif**

La survenue de l'épidémie de Covid-19 nous a révélé que la réponse à une situation de crise majeure ne pouvait être uniquement médicale et devait inclure ses composantes sanitaires, médico-sociales, sociales, psychologiques, voire spirituelles. Le choc a été si fort que nous avons encore une grande difficulté à comprendre, voire à *vouloir comprendre* ce qui a pu se passer. « Il faut toujours dire ce que l'on voit. Surtout il faut toujours, ce qui est plus difficile, voir ce que l'on voit », nous dit Charles Péguy…

Le risque est que la spiritualité soit mise sous cloche par une médecine hautement technique. Michel Cordier et Hubert Goudineau, sur la situation particulière que représente l'état de mort encéphalique, indiquent : « Fortes de leurs perspectives propres, ces religions contribuent utilement au débat sur cette épineuse question. Elles mettent en garde notre culture moderne

---

* Président de l'Association pour l'Islam du XXIe siècle et professeur de médecine à l'Université Sorbonne Paris-Nord et Hôpital Avicenne, APHP.

contre les dérives néfastes auxquelles peut mener son approche scientifique, techniciste et pragmatique : un rapport utilitariste au corps humain conçu, dès lors qu'il ne "fonctionne" plus, comme une banque d'organes ; une vision sectorisée de la personne humaine ; une compréhension purement "horizontale" de la mort, dépouillée de son mystère et de la méditation sur le sens de la vie à laquelle elle invite[1]. »

Après la mort, religions et spiritualités se retrouvent, toutes cultures et croyances confondues, dans les cérémonials et rituels témoignant du respect des vivants envers les morts. La considération et les recueillements vis-à-vis des corps sont même utilisés par les archéologues pour dater l'apparition de la conscience humaine sur terre. C'est dire combien leur manque a pu tellement affecter tous ceux qui n'ont pu dire au revoir à leurs êtres chers lors de cette crise. La médecine moderne doit comprendre et respecter ces rituels, qui ont un rôle prépondérant pour les sociétés humaines : « Dans ces rituels s'inscrivent l'ultime hommage au défunt, le lien que l'on maintient avec lui, la permanence de sa valeur morale, mais aussi l'adieu, qui permet au mort et aux vivants de continuer sur leur voie[2]. »

Le choc initial face à la catastrophe et l'impact sur nos émotions

Selon une citation attribuée à Confucius, « nous avons tous deux vies et la seconde commence quand on se rend compte qu'on n'en a qu'une ». Si certains d'entre nous sont particulièrement fragiles face au virus, cette catastrophe nous a rappelé combien nous sommes *tous vulnérables*, ce que nous avions imaginé occulter. Il existe en effet une différence majeure entre les hommes, selon qu'ils ont ou non conscience de la fragilité de leur existence[3]. Face à la crise du Covid-19 en général, notre impréparation est à ce titre sans doute le résultat d'un orgueil dont nous payons chèrement le prix.

Un des effets souterrains et puissants de cette crise c'est d'avoir réintroduit ces notions de mort et de peur dans le psychisme de chacun d'entre nous, alors qu'elles ont été peu exprimées lors du confinement. Il est paradoxal que ce rapport à la mort et à la peur soit resté le plus souvent informulé ou indicible, alors qu'il était omniprésent et même structurant. Les médecins, obnubilés par la technique, l'urgence de la situation ou la course contre le temps avec la crainte du risque réel de déséquilibre entre les besoins et les possibilités thérapeutiques[4], n'ont pas oublié l'essentiel : l'humain[5]. Ainsi, avec toutes les ressources mobilisées pour faire front, les spécialistes de sciences humaines et sociales n'ont pas été délaissés. Autant aux plans humain que technique, la volonté de ne pas se laisser déborder par la situation était patente[6], même si au cours de cet événement extraordinaire le sanitaire prenait le pas sur les autres domaines (comme l'économie), bousculant nombre de certitudes et d'équilibres.

Au-delà de nos intérêts et de nos divergences, en pleine guerre froide, un an après avoir évité un conflit nucléaire, le président Kennedy avait ainsi souligné combien notre fragilité était une richesse : « Car en dernière analyse, notre lien commun fondamental, c'est le fait que nous habitons tous sur cette petite planète. Nous respirons tous le même air. Nous chérissons tous l'avenir de nos enfants. Et nous sommes tous mortels[7]. » Avec le confinement, nous avons découvert de manière intime la valeur des autres, la richesse de faire société, le bonheur du contact et la chance de la proximité. Associée à cette solidarité, la responsabilité de tous envers chacun participe de ce partage, de manière « normale », évidente, mais aussi admirable. Même si les vrais héros de la crise ont été les malades et leur entourage, l'attention, la miséricorde et la solidarité des soignants ont permis d'adoucir la tension qui était palpable.

Après le temps du deuil et du recueillement viendra celui de la réaffirmation de la solidarité, de la reconnaissance de la peine augmentée lors de la crise par l'isolement et la solitude. Il y aura un jour d'après. C'est au milieu de la nuit qu'il est beau de croire à la lumière. Nous avons besoin d'altruisme, de réciprocité et de solidarité. Si beaucoup ont parlé d'un « monde d'après » plus viable et plus juste, les réformes à conduire devront nécessairement donner voix à ce que nous venons de (re)découvrir comme essentiel : la lutte contre la solitude et les discriminations de toutes sortes, la recherche de solutions raisonnées pour l'hôpital et la médecine de ville, et enfin la préservation de la liberté de pouvoir se soigner grâce à la solidarité de tous et pour chacun. C'est somme toute une forme de « démarche de responsabilité et de solidarité », comme celle que prônait le Conseil consultatif national d'éthique (CCNE) dans son avis du 13 mars 2020 sur les mesures de protection notamment vis-à-vis des personnes âgées dépendantes[8]. Si certains d'entre nous sont plus fragiles, nous sommes tous vulnérables, et le traitement et la prise en compte de cette vulnérabilité ne peut reposer que sur la solidarité. Le charme d'une vraie rencontre, selon François Cheng, a lieu entre l'inattendu et l'inespéré. C'est la possibilité de la fragilité, de la reconnaissance de notre besoin de l'autre, nos facultés de relation qui font notre force. « Je est un autre. » On entre en éthique, disait Ricœur, lorsque l'on a la volonté que la liberté de l'autre soit.

La philosophie occidentale utilise la raison et le pouvoir formidable du *Cogito* de Descartes pour revendiquer « Je pense donc je suis », ou plutôt *Cogito ergo sum, in arcem meum*, « Je pense donc je suis, dans la forteresse de mon esprit », comme le rappelle opportunément Michel Maffesoli, insistant sur l'émergence d'une pensée individuelle alors qu'elle n'était auparavant que collective. La philosophie orientale, elle, fait un détour par l'autre. Elle dit plutôt : « Tu es donc je suis », que reprend aussi à sa manière Alain Cordier, ancien directeur général de l'Assistance publique de Paris, avec son affirmation que l'homme couché nous oblige[9]. Nous devons penser et considérer l'autre, c'est notre devoir. Car « être homme, c'est précisément être responsable. C'est connaître la honte en face d'une misère qui ne semblait pas dépendre de soi. C'est être fier d'une victoire que les camarades ont remportée. C'est sentir, en posant sa pierre, que l'on contribue à bâtir le monde. On veut confondre de tels hommes avec les toréadors ou les joueurs. On vante leur mépris de la mort. Mais je me moque bien du mépris de la mort. S'il ne tire pas ses racines d'une responsabilité acceptée, il n'est que signe de pauvreté ou d'excès de jeunesse[10] ».

Religion ou spiritualité ? Consolation, réconfort ou voie d'ouverture ?

La technique n'est donc pas tout ! Soigner tout homme, soigner tout l'homme, c'est redécouvrir le sens du soin, avec une responsabilité alliée à la solidarité et qui est une nécessité d'action. La conscience de soi, de notre action propre doit nous révéler que malgré notre ambition d'une espérance sans fin, nous sommes en même temps d'une telle fragilité que nous devons voir que ce n'est pas en confiant à la science l'hypothétique solution que nous arriverons à la solution. C'est notre recherche d'intériorité, associant curiosité de l'autre, capacité de se décentrer, à l'aune des richesses découvertes chez l'autre qui nous aidera.

En fait le danger du matérialisme serait de détacher la mort des contingences de la spiritualité et renoncer à la transcendance. Pour le croyant, la foi est une sécurité, avec la certitude que les choses ont un sens dans le plan de Dieu, même si certaines nous échappent. La foi nous abrite au sein de la volonté divine, avec la certitude que « tout cela » a un sens. Cette foi, intimement liée à la notion d'espérance, avec un mélange subtil d'ambition et d'humilité, n'empêche pas des controverses parfois très fortes, comme l'opposition radicale entre le médecin et le prêtre dans *La Peste* de Camus devant la mort du jeune enfant. Mais en suivant Camus, si le monde est absurde, ma compassion, ma responsabilité ne l'est pas. Dans son discours du Nobel, Camus soulignait les enjeux majeurs de notre monde moderne et indiquait qu'à la différence de chaque génération qui se croit vouée à refaire le monde, la sienne avait tâche peut-être plus grande puisqu'elle « consiste à empêcher que le monde se défasse[11] ».

Avec le confinement, il y a eu la crainte, et aussi l'espoir, qui peut être vu comme son opposé. Mais ces deux émotions sont aussi à pondérer et maîtriser. De même, si l'on considère les religions, ce peut être oser le risque de l'herméneutique, comprendre que les textes sont à la fois fermés et ouverts, et que croyants et non-croyants peuvent se retrouver en recevant ces textes comme à la fois intangibles et devant être portés et réinterprétés par chaque génération, afin d'obtenir une vraie transmission, une assistance mutuelle contre le mal et l'indicible.

S'interroger sur la douleur, la souffrance, le mal semble vain : comment tenter de « rationaliser » l'irrationnel, l'incompréhensible ? C'est l'homme face à sa fatalité, son destin. L'interpellation *Memento mori*, « Rappelle-toi que tu es mortel », signifie en fait « N'oublie pas de vivre » ! Socrate nous apprenait à accepter la mort puisque « philosopher c'est apprendre à mourir ». En fait il s'agit d'apprendre à vivre et s'approprier sa destinée. Vivre c'est aimer, partager, jouir, mais aussi accepter la mort, ou du moins apprendre à tenter de l'accepter. Pour la théologienne protestante France Quéré, dans son livre *L'Homme maître de l'homme*, « la mort présente une légitimité concevable : elle fait place aux nouveaux venus ; elle est le tribut à payer pour que le monde reste jeune. [...] Mais de la souffrance on ne voit ni le sens ni l'utilité. Ses effets sont pernicieux, ses causes incompréhensibles. Une question jette l'esprit dans le désarroi : pourquoi le mal ? Pourquoi moi ? Qu'ai-je fait ? Depuis toujours retentit la protestation de Job[12] ».

Peut-on comprendre la mort, notre destinée, le pourquoi de notre présence sur terre ? Si la souffrance est absurde, la vie le serait tout autant. *Le Mythe de Sisyphe* de Camus débute par : « Il n'y a qu'un problème philosophique vraiment sérieux : c'est le suicide. Juger que la vie vaut ou ne vaut pas la peine d'être vécue, c'est répondre à la question fondamentale de la philosophie. » Paul Ricœur résume ainsi la question théologique essentielle : « Comment peut-on affirmer ensemble, sans contradiction, les trois propositions suivantes : Dieu est tout-puissant ; Dieu est absolument bon ; pourtant le mal existe ? La théodicée apparaît alors comme un combat en faveur de la cohérence, en réponse à l'objection selon laquelle deux seulement de ces propositions sont compatibles, mais jamais les trois ensemble[13]. » En effet, parmi ces trois propositions en choisir deux reste raisonnable au plan de la logique, mais ajouter alors la troisième nous plonge dans la spéculation philosophique...

Les religions n'expliquent pas l'humain, mais font connaître la volonté divine. Ainsi, la religion peut aider l'homme à comprendre sa nature, le pourquoi de sa présence sur terre, mais la question de l'existence de la douleur et de la souffrance reste un mystère, une énigme. Après la Renaissance, l'essor des sciences et l'avènement d'une culture de la rationalité refont poser la question du mal ou de la douleur en des termes nouveaux, distincts d'une approche religieuse pure. Mais les théories prenant l'homme comme un simple accident biologique ou déterminé par le poids de considérations économiques et sociales que par des valeurs morales ne peuvent pas plus répondre.

L'homme possède certes une dimension physique et psychique – comme l'affirme le paradigme dualiste corps-âme – mais aussi une dimension spirituelle. Le postulat de l'universalité de la dimension spirituelle implique qu'elle ne se réduirait pas à la religion – la religion n'en serait qu'une forme d'expression, le spirituel englobant le religieux, étant ce que les religions ont en commun. Reste que la définition de la spiritualité reste complexe, un peu comme la réponse de saint Augustin sur la question de savoir ce qu'est le temps : « Quand on ne me le demande pas, je le sais, quand on me le demande, je ne le sais pas ! »

Au-delà de ces proximités et correspondances, lorsqu'on interroge patients, familles et proches ou soignants sur la spiritualité[14], la quasi-totalité des définitions présentes dans la littérature médicale se regroupent autour d'une recherche de sens, d'une transcendance et de valeurs, ou représentant le ciment de l'identité des personnes ou enfin à une relation à soi, aux autres et/ou à une force supérieure en laquelle la personne croit. Tous ces éléments, retrouvés tant chez les croyants que les agnostiques ou les athées, montrent combien les relations entre vie, mort, maladie et soins sont propices à l'élévation.

Penser le passé pour l'à-venir

Si la spiritualité implique ainsi une réflexion sur la transcendance et l'immanence, elle pousse et conforte la recherche de sérénité. Dans son émission *Sur les épaules de Darwin*, Jean-Claude Ameisen cite l'écrivain André Aciman pour qui « la sérénité est la sensation de faire un avec le monde, de n'avoir rien à souhaiter, de ne manquer de rien, d'être, ce qui ne se produit presque jamais, entièrement plongé dans le présent ». Mais considérer le présent n'empêche pas d'examiner les strates du passé qui sont toujours présentes en nous, que nous cherchons pour nous aider à éclairer l'avenir. Ameisen cite aussi Pascal Quignard : « La vérité se disait en grec *a-letheia*, le non-oublié. Est vrai ce qui ne parvient pas à s'oublier. Le grec *a-letheia*, ce qui arrache à l'oubli, se dit en latin *re-velatio*, qui tire le voile. Non-oubli qui arrache le voile qui cachait le passé. Qui inscrit dans notre mémoire ce que soudain nous n'avons jamais connu. [...] Il n'y a pas de passé qui resurgisse et qui ne procure une sensation de naissance, une sensation de joie, la joie tragique d'avoir retrouvé le perdu. »

C'est en cela que l'initiative Covid-19 Ad Memoriam et sa mise en exergue d'une réflexion d'Elie Wiesel, « Vivre une expérience et ne pas la transmettre, c'est la trahir », est si importante pour tous. L'analyse du passé permet de se souvenir pour avancer, pour ensemble construire un à-venir. Le souvenir c'est aussi la mémoire de ce qui est perdu, la tentative de lutter contre la mort. Comme dans la fin de l'épisode de la madeleine de Proust : « Mais, quand d'un passé ancien rien ne subsiste, après la mort des êtres, après la destruction des choses, seules, plus frêles mais plus vivaces, plus immatérielles, plus persistantes, plus fidèles, l'odeur et la saveur restent encore longtemps, comme des âmes, à se rappeler, à attendre, à espérer, sur la ruine de tout le reste, à porter sans fléchir, sur leur gouttelette presque impalpable, l'édifice immense du souvenir. » C'est justement parce que nous sommes engagés, actifs et acteurs que nous avons compris, ou plutôt que nous comprenons, maintenant, la nécessité d'une action qui nous permet tout simplement de vivre.

Ainsi, les nouvelles relations en médecine et l'attention à la personne sont fondamentales, au sens propre du terme, et c'est sans doute ce que nous avons redécouvert avec la crise actuelle du Covid-19. Car, en définitive, comment répondre autrement que par une attention accrue à l'autre ? C'est le devoir essentiel de solidarité envers celui qui souffre, envers le plus faible, le plus démuni. Cette expression de solidarité préserve la dignité de celui qui souffre en même temps qu'elle maintient la nôtre. Si la souffrance est effectivement absurde, le regard que nous portons sur celui qui souffre (et qui sera bien sûr un jour moi-même) ne l'est pas. Ma dignité ne peut exister qu'à l'aune de celle que je reconnais à l'autre. La quête est donc d'acquérir une maturité nouvelle, une sagesse qui repousse la crainte de la mort et aspire à la sérénité, à la fois pour soi et pour les autres. Dans la galerie du Carrousel du musée du Louvre, une publicité de la papeterie Delfonics est remarquable : « Le but de la vie est de servir et de montrer de la compassion et d'aider les autres. La créativité est la capacité à introduire de l'ordre dans l'aléatoire de la nature. La vie est excitante, surtout lorsqu'elle est vécue pour les autres. Vous ne pouvez pas faire grand-chose quant à la durée de votre vie, mais vous pouvez faire beaucoup sur sa profondeur et sur sa largeur[15]. »

C'est l'association des dimensions spirituelles et éthiques de la vie qui trace/éclaire/domine mon parcours de vie, en tant que soignant le plus souvent, en tant que soigné parfois, et en tant que mortel, forcément…

NOTES

1. Cordier et Goudineau 2000.
2. Thomas 1996.
3. Gawande 2015.
4. Le Dorze, Azoulay, Beloucif 2020.
5. Emanuel, Persad, Upshur, Thome, Parker, Glickman, Zhang, Boyle, Smith et Phillips 2020.
6. Azoulay, Beloucif, Guidet, Pateron, Vivien et Le Dorze 2020.
7. J. F. Kennedy, « De la paix dans le monde », 10 juin 1963.
8. CCNE 2020.
9. Cf. supra p. 35.
10. Saint-Exupéry 1939.
11. A. Camus, « Discours de réception du prix Nobel de littérature à Stockholm », 10 décembre 1957.
12. Quéré 2001.
13. Ricœur 2004.
14. Pujol, Jobin, Beloucif 2014.

15. The purpose of human life is to serve and to show compassion and the will to help others. Creativity is the ability to introduce order into the randomness of nature. Life is an exciting business and most exciting when it is lived for others. You cannot do much about the length of your life, but you can do a lot about its depth and width. https://improvisedlife.com/2011/01/19/inspiration-comes-of-working/.

Retraite et transfert de mérites en temps de pandémie

*Olivier Wang-Genh**

Il semble bien que les trois mois du premier confinement aient été vécus de façon très différente par nos concitoyens. Certains les ont trouvés terriblement difficiles et source de grande anxiété, d'autres, au contraire, les ont perçus comme une opportunité de prise de conscience et de re-questionnement de nos modes de vie et de nos habitudes sociales. Les conditions dans lesquelles chacun était confiné ont, bien sûr, joué un rôle majeur dans le ressenti de cette période. D'une façon générale et d'après les très nombreux témoignages que j'ai reçus, l'ensemble de la communauté bouddhiste et des pratiquants a plutôt bien vécu ce confinement. Le mot choisi pose par ailleurs question puisque le sens de confinement a une connotation très négative : reléguer, écarter, mettre au rebut, bannir, déporter, interner… dans l'idée générale d'« enfermer dans un espace réduit ». Les bouddhistes ont spontanément utilisé le mot « retraite », dans le sens de se mettre en retrait, en vacance de nos activités habituelles et de nos modes de

* Moine zen, président de l'Union bouddhiste de France.

vie agités, se rendre disponible à autre chose, une sorte de temps de suspension, d'interruption et d'ouverture sur de nouveaux espaces. Ouvrir et non pas fermer, s'intérioriser et non pas s'enfermer.

Dans toutes les traditions bouddhistes existent ces périodes de retraites plus ou moins longues, allant de quelques jours à plusieurs mois. Traditionnellement ce sont deux périodes de trois mois correspondant aux moussons en Asie qui permettent aux moines et nonnes de se retirer complètement. Dans les traditions tibétaines, le pratiquant se retire dans une cellule de quelques mètres carrés lors de retraites de trois ans, trois mois et trois jours. Dans le bouddhisme zen, des retraites de trois mois sont organisées deux fois par an.

Ce retrait de la vie sociale est donc habituel pour un bouddhiste et n'est jamais vécu de façon négative ou pénible. C'est plutôt une période salutaire de retour aux choses essentielles comme le silence, la présence, la méditation et l'attention. Retrouver ce calme intérieur, cette sérénité, cette stabilité émotionnelle et pouvoir étudier les enseignements du Bouddha et les textes importants de nos traditions respectives. C'est aussi bien sûr une opportunité de réflexion sur le sens de la vie et de la direction que nous donnons à notre existence.

Il est vraiment important de préciser ici que cette démarche n'a rien à voir avec une sorte de froideur ou d'indifférence à l'égard de la souffrance des autres. Pendant le confinement, chacun était totalement conscient de la gravité de la situation et des grandes difficultés que pouvaient rencontrer les uns et les autres. Ces retraites s'inscrivent donc dans une conscience très aiguë de l'interdépendance de tous les êtres et dans cette réalité spirituelle qui nous unit et nous rassemble.

Ainsi chaque jour, dans tous les lieux de pratiques bouddhistes, en France et dans le monde, toutes les cérémonies et chants de sutras, toutes les pratiques ont été dédiés au bien des êtres et tout particulièrement ceux qui sont en souffrance physique ou psychique. Ces cérémonies appelées « transferts de mérites » sont l'expression d'un des enseignements essentiels du bouddhisme : l'interdépendance ou interconnexion des êtres et des choses dans ce monde. Cet enseignement va bien plus loin qu'une simple observation scientifique des liens visibles qui relient les choses et les êtres. Tout ne peut exister qu'ensemble et rien ne vit de façon indépendante et autonome, que ce soit dans une dimension matérielle ou spirituelle, visible ou non visible, mesurable ou non mesurable. Ces relations de dépendance mutuelle et ces liens de connexion étroite s'expriment par la solidarité, la compassion et toutes les valeurs que transmettent et développent toutes nos religions : la générosité et l'amour notamment. C'est au travers de ces liens spirituels que toutes ces pratiques, apparemment isolées et solitaires, sont partagées et offertes pour le bien de tous les êtres.

En ce qui concerne les règles sanitaires qui évoluaient et se précisaient au fil des jours et des semaines, elles ont été intégrées aux règles en vigueur dans les monastères et lieux de pratiques où vivaient des communautés. Ces lieux étant bien sûr fermés au public du jour au lendemain, celles et ceux qui vivaient sur place sont restés mais tous ont respecté scrupuleusement les consignes. La plupart des lieux de pratiques sans résidents, dans les grandes villes particulièrement, ont été fermés durant toute la période. Dès le début, les responsables des différentes traditions bouddhistes et leurs grands centres ont mis en place des initiatives afin de permettre la tenue de méditations, d'enseignements et de cérémonies en ligne, via des applications comme Zoom ou YouTube. Cela a notamment permis à beaucoup de personnes de ponctuer leurs journées avec différentes pratiques et d'avoir ainsi des repères dans leur quotidien mais surtout de rester en contact étroit avec leurs enseignants et amis spirituels. Des choses très positives ont vu le jour en très peu de temps. Les bouddhistes ne sont certainement pas les plus avancés en ce qui concerne les nouvelles technologies, mais les réticences du départ ont été vite balayées par la nécessité de répondre à cette situation aussi inédite qu'improbable.

Combattre les peurs

Sur les aspects plus délicats démontrés par cette crise sanitaire, j'aimerais aborder les peurs qui ont été motrices et révélatrices de l'état de nos sociétés. Dès le mois de février 2020, nous avons tous constaté le climat d'anxiété qui s'installait peu à peu et qui, très vite, est devenu dominant. Largement entretenues par les médias, les réseaux sociaux et les discours officiels, ces peurs, bien sûr légitimes au départ, sont rapidement devenues virales, paralysantes et angoissantes. Cette peur, en général salutaire, qui apparaît pour nous éveiller à des dangers potentiels ou présents devient vite invalidante lorsqu'elle prend une dimension démesurée. Deux mondes entrent alors en collision frontale : celui de la raison et celui de l'émotion. Comme si soudain toute la réalité « raisonnable et prévisible » que la modernité a patiemment construite s'effondrait pour laisser place à un tsunami d'émotions incontrôlables où se mélangent toutes les peurs ancestrales des épidémies, les peurs liées à l'inconnu et à l'incertitude, et bien entendu celles liées à la maladie et à la mort. Car c'est sans doute notre rapport à la mort qui a été le plus directement questionné et qui a révélé les grandes fragilités spirituelles de nos sociétés. Puissions-nous ne pas l'oublier trop vite ! Tous les accompagnements de fin de vie ont été faits « à distance » et cette pratique a été plutôt bien acceptée, les cas n'étant fort heureusement que peu nombreux.

Par ailleurs le début de cette pandémie et le premier confinement strict de trois mois ont fait apparaître de manière brutale tous les excès de nos sociétés et de nos modes de vie. Très vite deux expressions ont été mises en avant et sont revenues chaque jour comme des mantras : le « monde d'avant » et le « monde d'après ». Ce dernier n'aurait, c'est sûr, plus rien à voir avec celui d'avant et nous allions tous tirer les leçons de nos outrances et de notre démesure… Sauf qu'après seulement quelques mois, nous constatons tous, penauds, que l'« après » ressemble étrangement à l'« avant » et que les leçons et prises de conscience que nous jurions avoir intégrées profondément ont été emportées par le vent des reprises économiques. Nous pouvons cependant constater dans nos communautés une tendance à éviter l'avion et les déplacements non indispensables, à réduire les empreintes diverses de nos achats et nos habitudes : multiplication des réunions virtuelles, achats de proximité, remise en question de certains projets, consommation plus responsable…

Enfin, comment ne pas parler de l'état de santé préoccupant de beaucoup de nos concitoyens ? Tout ce qui a été pudiquement appelé les « comorbidités », ou les pathologies à risque, ne sont-elles pas pour la plupart que le reflet brutal et sans filtre de la malbouffe, des excès de toutes sortes et des modes de vie malsains qui sont presque devenus la norme ? Les pollutions de tout type, tant extérieures qu'intérieures, fragilisent évidemment nos capacités de résistance et nos immunités naturelles. Ce qui est vrai pour notre santé physique l'est tout autant pour notre santé psychique et bien sûr aussi pour notre santé spirituelle, les trois étant bien sûr en totale interdépendance. Là aussi une impression d'amnésie trop rapide laisse un goût amer. Les préventions de toutes sortes sur l'alimentation, l'hygiène de vie, les consommations toxiques et l'hygiène intérieure (mentale notamment) devraient être aujourd'hui une priorité et une évidence. Or nous entendons à ce stade surtout parler d'économie et de plan de relance…

« Prise de conscience » devrait rester le maître mot de toute cette crise sanitaire car, d'un point de vue bouddhiste, toute crise, toute maladie a son utilité et ses vertus. Loin de vouloir jouer les donneurs de leçons, les enseignements, les pratiques et les valeurs bouddhistes nous permettent de poser les bons diagnostics, de prendre la mesure de la maladie et de trouver les remèdes adaptés. Et ce tant au niveau individuel que collectif, sachant que tout commence par la mise en pratique de ces principes, c'est-à-dire par le fait de prendre les remèdes. Une ordonnance et une posologie, aussi justes soient-elles, n'ont jamais suffi à soigner quelqu'un. C'est donc dans les actes et les décisions à venir que nous pourrons voir si cette crise nous aura appris quelque chose ou si elle n'aura été qu'un épisode de plus, particulièrement douloureux, de l'histoire de l'humanité.

Les méditations bouddhistes : un trésor pour notre temps !

Durant toute cette période de pandémie, beaucoup de personnes se sont tournées vers les pratiques de méditation bouddhistes afin de répondre aux difficultés intérieures et émotionnelles qu'elles rencontraient.

Les effets et les bienfaits des pratiques de méditation sont aujourd'hui étudiés de près par la science, notamment par les neurosciences. Que ce soit en prévention à toutes les pathologies liées à un stress excessif, à des états de surmenage, de burn-out et de dépression ou en traitement d'éventuelles rechutes ou de comportements addictifs, les pratiques de méditation inspirées pour la plupart des enseignements bouddhistes traditionnels suscitent depuis quelques décennies l'intérêt grandissant de la communauté scientifique.

Depuis plus d'une trentaine d'années, nous assistons à une apparition de méditations bouddhistes « laïcisées », où la plupart des rituels et des enseignements profonds sur ces pratiques ont disparu. Cette forme de méditation laïque a ainsi pu pénétrer de nombreux contextes, comme le monde du travail, des soins hospitaliers, des préventions de différents types de pathologies (dépression, burn-out, maladies psychosomatiques…) et a même connu un balbutiement dans les écoles.

Souvent utilisées dans des buts précis comme la prévention, la performance ou la rentabilité, ces pratiques, au départ spirituelles, se transforment en moyens de management ou d'amélioration de la performance individuelle : réduction du stress, concentration accrue, gestion des émotions négatives, baisse de l'absentéisme, etc. C'est le monde d'aujourd'hui, où tout doit devenir rentable, utile, et répondre à des besoins précis !

En réalité, la liste des domaines concernés par ces pratiques régulières de méditation est longue : intériorité, silence, apaisement mental et émotionnel, retour à l'unité du corps et de l'esprit, à l'instant présent, à l'attention et à la concentration, entre autres. Ces domaines sont par nature difficilement cernables et mesurables. Plus que des preuves scientifiques et des chiffres, ce sera avant tout à travers l'expérience directe et donc subjective qu'on saura si ces pratiques nous font du bien ou non. Et surtout si elles répondent réellement à nos questionnements profonds et notre recherche spirituelle.

Car ces pratiques vont bien au-delà d'un simple bien-être ou d'une expérience de calme intérieur. Il s'agit avant tout de découvrir une nouvelle dimension de soi-même et donc du monde, de retrouver du sens dans notre quotidien et de créer au fond de soi une vraie stabilité spirituelle. Ces enseignements et ces pratiques se transmettent depuis des millénaires dans tous les pays d'Asie au travers de nombreuses traditions bouddhistes aux expressions multiples. Ils sont aujourd'hui pour l'Occident un véritable trésor spirituel.

Cette crise sanitaire aura eu le mérite de mettre au jour un certain nombre de fragilités de nos sociétés, trop basées sur le matériel et la consommation, mais aussi sur nos fragilités individuelles en tant qu'êtres humains et sur notre état de santé tant physique et mentale que spirituelle. À l'heure où les vertus de l'hygiène physique ne font plus débat, où nous commençons à comprendre que « l'hygiène émotionnelle et mentale » est tout aussi importante, nous découvrons peut-être qu'une « hygiène spirituelle » est elle aussi vitale, surtout lorsque nos conditions de vie sont confrontées aux changements et à l'interdépendance de tous les êtres en ce monde.

Bibliographie

Altman D., 1986, *AIDS in the Mind of America*, New York, Anchor Press/Doubleday.

Arbib D., 2016, « Quatre paradoxes sur la situation actuelle des juifs de France », in D. Schnapper, P. Salmona et P. Simon-Nahum (éd.), *Réflexions sur l'antisémitisme*, Paris, Odile Jacob.

Arbib D., 2017, « Le prophète et le talmudiste. Attitude existentielle, attitude savante », *Mikhtav hadash / La Nouvelle Lettre*, 6, Paris, Hermann.

Arbib D., à paraître 2022, « Pouvons-nous nous passer de l'idée de Dieu ? », in P. Simon-Nahum et D. Cohen-Levinas (dir.), *Privé/public. Actes du nouveau colloque des intellectuels juifs de langue française*, Paris, Hermann.

Atlani-Duault L., 2005 (édition actualisée 2009), *Au bonheur des autres. Anthropologie de l'aide humanitaire*, Paris, Armand Colin.

Atlani-Duault L., 2007, *Humanitarian Aid in Post-Soviet Countries. An Anthropological Perspective*, London / New York, Routledge.

Atlani-Duault L. et Kendall C., 2009, « Influenza, anthropology and global uncertainties », *Medical Anthropology*.

Cross-Cultural Studies in Health and Illness, 1545-5882, vol. 28, 3, pp. 207-211.

Atlani-Duault L. *et al.*, 2015, « Blood libel rebooted. Traditional scapegoats, online media and the H1N1 epidemic », *Culture, Medicine and Psychiatry*, vol. 39, pp. 43-61.

Atlani-Duault L. *et al.*, 2020, « Tracking online heroisation and blame in epidemics », *The Lancet Public Health*, vol. 5, issue 3, E137-E138.

Azoulay E., Beloucif S., Guidet B., Pateron D., Vivien B. et Le Dorze M., 2020, « Admission decisions to intensive care units in the context of the major Covid-19 outbreak. Local guidance from the Covid-19 Paris-Region area », *Critical Care*, 24, pp. 293-299.

Baehrel R., 1951, « Épidémie et terreur. Histoire et sociologie », *Annales historiques de la Révolution française*, 23 (122), pp. 113-146.

Baehrel R., 1952, « La haine de classe en temps d'épidémie », *Annales. Économies, sociétés, civilisations*, n° 3, pp. 351-360.

Baldwin P., 1999, *Contagion and the State in Europe, 1830-1930*, Cambridge, Cambridge University Press.

Bardet J.-P., Bourdelais P., Guillaume P., Lebrun F. et Quetel C. (dir.), 1988, *Peurs et terreurs face à la contagion*, Paris, Fayard.

Benjamin W., 2013, *Baudelaire*, édition établie par G. Agamben, B. Chitussi et C.-C. Härle, traduit de l'allemand par P. Charbonneau, Paris, La Fabrique éditions.

Bercé Y.M., 1993, « Les semeurs de peste », in *La Vie, la Mort, la Foi, le Temps. Mélanges offerts à Pierre Chaunu*, Paris, Presses universitaires de France, pp. 85-94.

Bourdelais P. et Raulot J.-Y., 1987, *Une peur bleue. Histoire du choléra en France 1832-1854*, Paris, Payot.

Bourdelais P. et Dodin A., 1987, *Visages du choléra*, Paris, Belin.

Bourrelly M. et Morel O., 2021, *Une histoire de la lutte contre le sida*, Paris, Nouveau Monde éditions.

Briggs A., 1961, « Cholera and society in the 19th-century », *Past & Present*, vol. 19, issue 1, 1, pp. 76-96.

Broom A. et Broom J., 2017, « Fear, duty and the moralities of care. The ebola 2014 threat », *Journal of Sociology*, 51 (1), pp. 201-216.

Brown P., 1995, *Le Renoncement à la chair. Virginité, célibat et continence dans le christianisme primitif*, Paris, Gallimard.

Cadoré B., 2018, *Avec Lui, écouter l'envers du monde*, Paris, Cerf.

Cadoré B., 2020, « À l'heure du Covid-19, sur le moment et sur l'après », entretien, toutestlié.catholique.fr.

Calvin J., 2000, *Traité des reliques*, Genève, Labor et Fides.

CCNE, 2020, « Enjeux éthiques face à une pandémie », avis du 13 mars 2020.

Chabrol, F., 2014, « Ébola et la faillite de la santé publique en Afrique », *Revue internationale et stratégique*, 96, pp. 18-27.

Chenu B., 2004, *Dieu et l'homme souffrant*, Paris, Bayard.

Chevalier L., 1958, *Classes laborieuses, classes dangereuses*, Paris, Plon.

Cohn S.K., 2007, « The black death and the burning of Jews », *Past & Present*, n° 196, pp. 3-36.

Cohn S.K., 2018, *Epidemics. Hate and Compassion from the Plague of Athens to AIDS*, Oxford, Oxford University Press.

Congourdeau M.-H., 2017, « La peste à Byzance : état des lieux », in F. Clément (dir.), *Épidémies, épizooties. Des représentations anciennes aux approches actuelles*, Rennes, Presses universitaires de Rennes.

Congourdeau M.-H., 2020, « Est-ce Dieu qui envoie les pandémies ? Trois témoignages du premier millénaire chrétien », *Communio* 2020/5, p. 271.

Cordier M. et Goudineau H., 2000, « Religions, corps et greffes », in J.-F. Collange (éd.), *Éthique et transplantation d'organes*, Paris, Ellipses.

De Luca E., 2020, *Le Samedi de la terre,* Paris, Gallimard.

Dodier N., 2003, *Leçons politiques de l'épidémie de sida*, Paris, Éditions de l'EHESS.

Dozon J.-P., 2017, *La vérité est ailleurs*, Paris, Éditions de la Maison des sciences de l'homme.

Durey M., 1979, *The Return of the Plague. British Society and the Cholera 1831-1832*, Dublin, Gill and Macmillan.

Emanuel E.J., Persad G., Upshur R., Thome B., Parker M., Glickman A., Zhang C., Boyle C., Smith M. et Phillips J.P., 2020, « Fair allocation of scarce medical resources in the time of Covid-19 », *New England Journal of Medicine*, 382, pp. 2049-55.

Evans R.J., 1988, « Epidemics and revolutions. Cholera in nineteenth-century Europe », *Past & Present,* 120, pp. 123-46.

Ezzedine K., à paraître, *Confinement,* Paris, Éditions de la Crypte.

Fabre G., 1998, *Épidémies et contagions. L'imaginaire du mal en Occident*, Paris, Presses universitaires de France.

Fairhead J., 2016, « Understanding social resistance to the ebola response in the forest region of the Republic of Guinea. An anthropological perspective », *African Studies Review*, vol. 59, n° 3, pp. 7-31.

Farmer P., 2006, *AIDS and Accusation. Haiti and the Geography of Blame*, Berkeley, University of California Press.

Fassin D., 2000, « Les idéologies de l'épidémie », in D. Fassin, *Les Enjeux politiques de la santé. Études sénégalaises, équatoriennes et françaises*, Paris, Karthala.

Fee E. et Krieger N., 1993, « Understanding AIDS. Historical interpretations and the limits of biomedical individualism », *American Journal of Public Health*, 83 10, pp. 1477-86.

Flaubert G., 1885, *La Légende de saint Julien l'Hospitalier. Trois contes, suivis de mélanges inédits*, in *Œuvres complètes VI*, Paris, A. Quantin.

Gawande A., 2015, *Nous sommes tous mortels*, Paris, Fayard.

Ginzburg C., 1990, *Ecstasies. Deciphering the witches' sabbath*, Chicago, University of Chicago Press.

Giono J., 1951, *Le Hussard sur le toit*, Paris, Gallimard.

Grmek M., 1989, *Histoire du sida. Début et origine d'une pandémie actuelle*, Paris, Payot.

Hanson V.D., 2010, *La Guerre du Péloponnèse*, Paris, Flammarion.

Hewlett B.S. et Hewlett B.L., 2008, *Ebola, Culture and Politics. The Anthropology of an Emerging Disease*, Belmont, Wadsworth Cengage Learning.

Hillesum E., 1985, *Une vie bouleversée. Journal 1941-1943*, Paris, Seuil.

Hugo V., 1882, *Les Misérables*, Paris, J. Hetzel et A. Quantin.

Kallet L., 2013, « Thucydides, Apollo, the plague and the war », *The American Journal of Philology*, vol. 134, n° 3.

Kudlick C.J., 1996, *Cholera in Post-Revolutionary Paris. A Cultural History*, Berkeley, University of California Press.

Lachenal G., 2014, « Chronique d'un film catastrophe bien préparé », *Libération*, 19 septembre.

Lacordaire H.D., 1849, « Sermon à la chaire de Notre-Dame de Paris », in *Conférences*, Paris.

Landry Faye S., 2015, « L'"exceptionalité" d'ebola et les "réticences" populaires en Guinée-Conakry, *Anthropologie et Santé*, vol. 15.

Le Dorze M., Azoulay E. et Beloucif S., 2020, « À qui offrir le dernier respirateur ? », *Esprit*, n° 468.

Levinas E., 1961, *Totalité et infini*, Paris, Martinus Nijhoff.

Levinas E., 1979, *Le Temps et l'Autre*, Paris, Fata Morgana.
Levinas, E., 1982, « Le philosophe et la mort. Entretien avec Christian Chabanis », in *La Mort, un terme ou un commencement ?*, Paris, Fayard.
Levinas E., 1983, « Philosophie, justice et amour », entretien, *Concordia*, janvier 1983.
Levinas E., 1990, « L'éthique est transcendance », in E. Hirsch, *Médecine et Éthique*, Paris, Cerf.
Levinas E., 1999, « Transcendance et mal », in P. Nemo, *Job et l'excès du mal*, Paris, Albin Michel.
Longrigg J., 1992, « Epidemics, ideas and classical Athenian society », in T. Ranger et P. Slack (dir.), *Epidemics and Ideas. Essays on the Historical Perception of Pestilence*, Cambridge, Cambridge University Press.
Mack A., 1991, *In Time of Plague. The History and Social Consequences of Lethal Epidemic Disease*, New York, New York University Press.
Malvy D., Gaüzère B.A. et Migliani R., 2019, « Epidemic and emerging prone-infectious diseases. Lessons learned and ways forward », *Presse Med.*, 48 (12), pp. 1536-50.
McKay R.A., 2017, *Patient Zero and the Making of the AIDS Epidemic,* Chicago, Chicago University Press.
Morin E., 2020, *Un festival d'incertitudes*, Paris, Gallimard.
Morris R., 1976, *Cholera 1832. The Social Response to an Epidemic*, London, Croom Helm.
Moulins-Beaufort E. de, *Le matin, sème ton grain*, Lettre en réponse à l'invitation du président de la République, coll. « Documents d'Église », Cerf-Bayard-Mame, juin 2020.
Naphy W.G., 2002, *Plagues, Poisons and Potions. Plague-Spreading Conspiracies in the Western Alps c. 1530-1640.* Manchester, Manchester University Press.
Nelkin D. et Gilman S.L., 1988, « Placing blame for devastating disease », *Social Research*, vol. 55, n° 3.

Nemo P., 1999, *Job et l'excès du mal*, Paris, Albin Michel.
Nielsen D.A., 1996, « Pericles and the plague. Civil religion, anomie and injustice in Thucydides », *Sociology of Religion*, 57, 4, pp. 897-407.
Nohl J., 1969 (réédition), *The Black Death. A Chronicle of the Plague Compiled from Contemporary Sources*, New York, Harper and Row.
Pinell P. (dir.), Broqua C., Busscher P.O. de, Jauffret M. et Thiaudière C., 2002, *Une épidémie politique. La lutte contre le sida en France (1981-1996)*, Paris, Presses universitaires de France.
Pollak M., 1988, *Les Homosexuels et le Sida. Sociologie d'une épidémie*, Paris, Métailié.
Pujol N., Jobin G. et Beloucif S., 2014, « Quelle place pour la spiritualité dans le soin ? », *Esprit*, n° 405.
Quéré F., 2001, *L'Homme maître de l'homme*, Paris, Bayard.
Revel J., 1970, « Autour d'une épidémie ancienne : la peste de 1666-1670 », *Revue d'histoire moderne et contemporaine*, t. 17, n° 4, pp. 953-83.
Ranger T. et Slack P. (dir.), 1992, *Epidemics and Ideas. Essays on the Historical Perception of Pestilence*, Cambridge, Cambridge University Press.
Ricœur P., 1951, « Le christianisme et le sens de l'histoire », in *Histoire et Vérité*, Paris, Seuil.
Ricœur P., 1964, *Histoire et vérité*, Paris, Seuil.
Ricœur P., 1988, « Le scandale du mal », *Esprit*, juillet-août.
Ricœur P., 2004 (3e édition), *Le Mal. Un défi à la philosophie et à la théologie*, Paris, Labor et Fides.
Ricœur P., 2007, *Vivant jusqu'à la mort*, préface d'O. Abel, Paris, Seuil.
Ricœur P., 2017, *Philosophie, Éthique et Politique. Entretiens et dialogues*, Paris, Seuil.
Rogers N., 1989, « Dirt, flies and immigrants. Explaining the epidemiology of poliomyelitis, 1900-1916 », *Journal*

of the History of Medicine and Allied Sciences, vol. 44, n° 4, pp. 486-505.

Rosenberg C. E., 1962, *The Cholera Years. The United States in 1832, 1849 and 1866,* Chicago, University of Chicago Press.

Rosenberg C.E., 1989, « What is an epidemic ? AIDS in historical perspective », *Daedalus,* vol. 118, n° 2, pp. 1-17.

Rosenberg C.E., 1992, *Explaining Epidemics and Other Essays in the History of Medicine*, Cambridge, Cambridge University Press.

Roy M., Moreau N., Rousseau C., Mercier A., Wilson A. et Atlani-Duault L., 2020, « Ebola and localized blame on social media. Analysis of Twitter and Facebook conversations during the 2014-2015 Ebola epidemic », *Culture, Medicine and Psychiatry*, 44, pp. 56-79.

Saint-Exupéry A. de, 1939, *Terre des hommes*, Paris, Gallimard.

Saint-Exupéry A. de, 1942, *Pilote de guerre*, New York, Éditions de la Maison française.

Saint-Exupéry A. de, 1948 et 1956, « Lettre au général X. Lettre écrite à La Marsa en juillet 1943 », *Le Figaro littéraire*, n° 103, 10 avril 1948 puis en 1956 dans *Un sens à la vie*, Paris, Gallimard.

Shrewsbury J.D.F., 1970, *A History of Bubonic Plague in the British Isles*, Cambridge, Cambridge University Press.

Sinha M.S. et Parmet W.E., 2016, « The perils of panic. Ebola, HIV and the intersection of global health and law », *American Journal of Law and Medicine*, 42 (2,3), pp. 223-255.

Snowden F., 1995, *Naples in the Time of Cholera 1884-1911*, Cambridge, Cambridge University Press.

Teilhard de Chardin P., 1965, *L'Offertoire. La Messe sur le monde*, Paris, Seuil.

Theobald C., 2007, *Le Christianisme comme style*, Paris, Cerf.

Thomas L.V., 1996, *Rites de mort pour la paix des vivants*, Paris, Fayard.

Thucydide, 1972, *History of the Peloponnesian War,* Baltimore, Penguin Classics.

Treichler P.A., 1987, « AIDS, homophobia and biomedical discourse. An epidemic of signification », *October*, vol. 43, pp. 31-70.

Ungar S., 1998, « Hot crises and media reassurance. A comparison of emerging diseases and ebola Zaire », *The British Journal of Sociology*, 49 (1), pp. 36-56.

Watts N., Amann M., Arnell N., Ayeb-Karlsson S., Beagley J., Belesova K. *et al.*, 2020, « The 2020 report of *The Lancet* Countdown on health and climate change. Responding to converging crises », *The Lancet*, 397, pp. 129-70.

Wilkinson A. et Fairhead J., 2017, « Comparison of social resistance to ebola response in Sierra Leone and Guinea suggests explanations lie in political configurations not culture », *Critical Public Health*, vol. 27, n° 1, pp. 14-27.

Williams G., 2013, *Paralysed with Fear. The Story of Polio*, New York, Palgrave McMillan.

Wilson D.J., 2005, *Living with Polio. The Epidemics and its Survivors,* Chicago, University of Chicago Press.

Zylberman P., 2012, « Crises sanitaires, crises politiques », *Les Tribunes de la santé*, 34, pp. 35-50.

Composition : Nord Compo
Impression : CPI Bussière en avril 2022
Éditions Albin Michel
22, rue Huyghens, 75014 Paris
www.albin-michel.fr

ISBN : 978-2-226-47004-1
N° d'édition : 24765/01 – N° d'impression : 2064333
Dépôt légal : mai 2022
Imprimé en France